Angewandte Psychologie Kompakt

Reihe herausgegeben von: Peter Michael Bak, FB Wirtschaft & Medien, Hochschule Fresenius, Köln, Deutschland
Georg Felser, FB Wirtschaftswissenschaften, Hochschule Harz, Wernigerode, Deutschland
Christian Fichter, Institut für Wirtschaftspsychologie, Kalaidos Fachhochschule, Zürich, Schweiz

Die Lehrbuchreihe „Angewandte Psychologie Kompakt" ist in einzigartiger Weise anwendungsorientiert. Sie ist vor allem konzipiert für Studierende und Lehrende der Psychologie und angrenzender Disziplinen, die Grundlegendes in kompakter, übersichtlicher und praxisnaher Form verstehen wollen.
Jeder Band bietet eine ideale Vorbereitung für Vorlesungen, Seminare und Prüfungen:
1. Die Bücher bieten einen ebenso fundierten wie angenehm lesbaren Überblick über die wichtigsten psychologischen Theorien und Konzepte.
2. Durch sorgfältige Didaktik, Klausurfragen, digitale Zusatzmaterialien und Zusammenfassungen wird die Prüfungsvorbereitung wesentlich erleichtert.
3. Einzigartig sind die zahlreichen Anwendungsbeispiele, die das Verständnis für grundlegende psychologische Zusammenhänge und deren Erscheinungsformen in der Praxis fördern und leichter im Gedächtnis verankern.
Besseres Verständnis in der Lehre und für die Anwendung:
Die Lehrbuchreihe bietet eine perfekte Einführung für das Studium mit starkem Anwendungsbezug. Durch die lebendige und praxisnahe Vermittlung des Lernstoffs wird nicht nur Fachwissen erworben, sondern auch die Lust geweckt, das Gelernte in verschiedenen Kontexten anzuwenden.
Herausgegeben von
Prof. Dr. Peter Michael Bak - Hochschule Fresenius
Prof. Dr. Georg Felser - Hochschule-Harz
Prof. Dr. Christian Fichter - Kalaidos Fachhochschule

Peter Michael Bak

Arbeits- und Organisationspsychologie

Eine Einführung – kompakt, prägnant und anwendungsorientiert

Peter Michael Bak
Saarbrücken, Deutschland

Zusätzliches Material zu diesem Buch finden Sie auf http://www.lehrbuch-psychologie.springer.com

ISSN 2662-4451　　　　　　ISSN 2662-446X　(electronic)
Angewandte Psychologie Kompakt
ISBN 978-3-662-68596-9　　　ISBN 978-3-662-68597-6　(eBook)
https://doi.org/10.1007/978-3-662-68597-6

Die Deutsche Nationalbibliothek verzeichnet diese Publikation in der Deutschen Nationalbibliografie; detaillierte bibliografische Daten sind im Internet über https://portal.dnb.de abrufbar.

© Der/die Herausgeber bzw. der/die Autor(en), exklusiv lizenziert an Springer-Verlag GmbH, DE, ein Teil von Springer Nature 2024
Das Werk einschließlich aller seiner Teile ist urheberrechtlich geschützt. Jede Verwertung, die nicht ausdrücklich vom Urheberrechtsgesetz zugelassen ist, bedarf der vorherigen Zustimmung des Verlags. Das gilt insbesondere für Vervielfältigungen, Bearbeitungen, Übersetzungen, Mikroverfilmungen und die Einspeicherung und Verarbeitung in elektronischen Systemen.
Die Wiedergabe von allgemein beschreibenden Bezeichnungen, Marken, Unternehmensnamen etc. in diesem Werk bedeutet nicht, dass diese frei durch jedermann benutzt werden dürfen. Die Berechtigung zur Benutzung unterliegt, auch ohne gesonderten Hinweis hierzu, den Regeln des Markenrechts. Die Rechte des jeweiligen Zeicheninhabers sind zu beachten.
Der Verlag, die Autoren und die Herausgeber gehen davon aus, dass die Angaben und Informationen in diesem Werk zum Zeitpunkt der Veröffentlichung vollständig und korrekt sind. Weder der Verlag noch die Autoren oder die Herausgeber übernehmen, ausdrücklich oder implizit, Gewähr für den Inhalt des Werkes, etwaige Fehler oder Äußerungen. Der Verlag bleibt im Hinblick auf geografische Zuordnungen und Gebietsbezeichnungen in veröffentlichten Karten und Institutionsadressen neutral.

Planung/Lektorat: Marion Krämer, Nadine Eikelschulte
Springer ist ein Imprint der eingetragenen Gesellschaft Springer-Verlag GmbH, DE und ist ein Teil von Springer Nature.
Die Anschrift der Gesellschaft ist: Heidelberger Platz 3, 14197 Berlin, Germany

Wenn Sie dieses Produkt entsorgen, geben Sie das Papier bitte zum Recycling.

SN Flashcards Microlearning

Schnelles und effizientes Lernen mit digitalen Karteikarten – für Arbeit oder Studium!

Diese Möglichkeiten bieten Ihnen die SN Flashcards:
- Jederzeit und überall auf Ihrem Smartphone, Tablet oder Computer **lernen**
- Den Inhalt des Buches lernen und Ihr Wissen **testen**
- Sich durch verschiedene, mit multimedialen Komponenten angereicherte Fragetypen **motivieren lassen** und zwischen drei Lernalgorithmen (Langzeitgedächtnis-, Kurzzeitgedächtnis- oder Prüfungs-Modus) **wählen**
- Ihre eigenen Fragen-Sets **erstellen**, um Ihre Lernerfahrung zu **personalisieren**

So greifen Sie auf Ihre SN Flashcards zu:
1. Gehen Sie auf die **1. Seite des 1. Kapitels** dieses Buches und folgen Sie den Anweisungen in der Box, um sich für einen SN Flashcards-Account anzumelden und auf die Flashcards-Inhalte für dieses Buch zuzugreifen.
2. Laden Sie die SN Flashcards Mobile App aus dem Apple App Store oder Google Play Store herunter, öffnen Sie die App und folgen Sie den Anweisungen in der App.
3. Wählen Sie in der mobilen App oder der Web-App die Lernkarten für dieses Buch aus und beginnen Sie zu lernen!

Sollten Sie Schwierigkeiten haben, auf die SN Flashcards zuzugreifen, schreiben Sie bitte eine E-Mail an **customerservice@springernature.com** und geben Sie in der Betreffzeile **SN Flashcards** und den Buchtitel an.

Vorwort

Ein Lehrbuch über Arbeits- und Organisationspsychologie zu schreiben ist aus mehreren Gründen eine Herausforderung, nicht zuletzt, weil es gerade in diesem Bereich mittlerweile eine Vielzahl an Werken gibt, von knapp und übersichtlich bis zu umfassend und tiefgreifend. Das kann schon vor Beginn entmutigen, oder als Herausforderung angesehen werden. Wie Sie sehen, habe ich mich für Letzteres entschieden. Und das mit folgender Aufgabenstellung: Schreibe ein Lehrbuch, das zum einen die wichtigsten Themen der Arbeits- und Organisationspsychologie enthält, das aber nicht so umfassend ist, dass man schon beim ersten Kapitel anfängt, die Seiten ungelesen zu überblättern, sondern eher Lust bekommt, sich noch intensiver mit der Thematik aus psychologischer Perspektive zu beschäftigen. Gerade Letzteres ist mir ein besonderes Anliegen, da die Themen in der entsprechenden Fachliteratur auch häufig in „Managementsprache" abgehandelt werden, was für Business Consultants praktisch sein kann, für Psychologen und Psychologinnen dagegen häufig weniger ansprechend ist. Das Schreiben des Lehrbuchs war aber auch interessant, weil ich dabei in vivo erleben konnte, was es bedeutet, motiviert ans Werk zu gehen. Eine Arbeit, die ich als bedeutungsvoll erlebt habe, die ich ganz im Sinne der vollständigen Aufgabe (wir werden darauf im Buch noch eingehen) autonom und von Anfang bis Ende in Eigenregie erledigen durfte und zu der ich wertvolle Unterstützung durch meine lieben Kollegen und Mitherausgeber Prof. Dr. Georg Felser und Prof. Dr. Christian Fichter bekommen habe. Ihnen möchte ich an dieser Stelle herzlichst für ihre wertvollen und hilfreichen Diskussionsbeiträge danken. Wie Sie im weiteren Verlauf des Lehrbuchs noch sehen werden, waren also bei dieser Arbeit, dem Schreiben des Lehrbuchs, alle Faktoren gegeben, die man für motiviertes Arbeiten benötigt. Ich hoffe, die Arbeit hat sich auch gelohnt und Sie nehmen das Lehrbuch für Ihr Studium oder auch nur aus Interesse gerne und mit Bereicherung in die Hand, um es von A–Z zu lesen oder hier und da nachzuschlagen. Über Ihre Anregungen, Kritik und gerne auch Lob würde ich mich sehr freuen.

Peter Michael Bak
Saarbrücken und Pietrasanta
Juni 2024

Lernmaterialien zum Lehrbuch *Arbeits- und Organisationspsychologie* im Internet – www.lehrbuch-psychologie.springer.com

- Das Lerncenter: Zum Lernen, Üben, Vertiefen und Selbsttesten
- Kapitelzusammenfassungen: Das steckt drin im Lehrbuch
- Leseprobe
- Foliensätze und Abbildungen für Dozentinnen und Dozenten zum Download

Weitere Websites unter ▶ www.lehrbuch-psychologie.springer.com

- Karteikarten: Prüfen Sie Ihr Wissen
- Glossar mit zahlreichen Fachbegriffen
- Verständnisfragen und Antworten
- Zusammenfassungen aller Buchkapitel
- Foliensätze sowie Tabellen und Abbildungen für Dozentinnen und Dozenten zum Download

- Karteikarten: Prüfen Sie Ihr Wissen
- Glossar mit zahlreichen Fachbegriffen
- Verständnisfragen und Antworten
- Zusammenfassungen aller Buchkapitel Foliensätze sowie Tabellen und Abbildungen für Dozentinnen und Dozenten zum Download

- Karteikarten: Prüfen Sie Ihr Wissen
- Glossar mit zahlreichen Fachbegriffen
- Verständnisfragen und Antworten
- Zusammenfassungen aller Buchkapitel
- Foliensätze sowie Tabellen und Abbildungen für Dozentinnen und Dozenten zum Download

Inhaltsverzeichnis

1	**Was ist Arbeits- und Organisationspsychologie?**	1
1.1	Die Anfänge der Arbeits- und Organisationspsychologie	3
1.2	Der gesellschaftliche und wirtschaftliche Hintergrund	5
1.3	Themen und Betrachtungsebenen der Arbeits- und Organisationspsychologie	9
1.4	Inhalt und Aufbau des Buches	11
	Literatur	12

I Arbeitspsychologie

2	**Arbeitsanalyse**	17
2.1	Zahlen zur Arbeit	19
2.2	Gegenstand der Arbeitsanalyse	20
2.3	Was ist eine Arbeitsanalyse?	21
2.4	Ziele der Arbeitsanalyse	21
2.5	Dimensionen der Arbeitsanalyse	22
2.6	Methoden der Arbeitsanalyse	23
2.6.1	Soziotechnische Systemanalyse	23
2.6.2	VERA – Verfahren zur Ermittlung von Regulationserfordernissen in der Arbeitstätigkeit	25
2.6.3	Job-Diagnostic Survey (JDS)	27
2.6.4	Work Design Questionnaire (WDQ)	29
2.6.5	Instrument zur stressbezogenen Arbeitsanalyse (ISTA)	30
2.6.6	Kurzfragebogen zur Arbeitsanalyse	32
2.6.7	Zur Bewertung und Einordnung der Verfahren	34
	Literatur	36

3	**Arbeitsgestaltung**	41
3.1	Gegenstand und Ziele	43
3.2	Humane Arbeitsplatz- und Tätigkeitsgestaltung	44
3.3	Das Konzept der vollständigen Aufgabe	45
3.4	Maßnahmen der Arbeitsgestaltung	46
3.4.1	Job Rotation	46
3.4.2	Job Enlargement	48
3.4.3	Job Enrichement	48
3.4.4	Gruppenarbeit	50
3.5	Arbeitsplatzergonomie	52
	Literatur	57

4	**Arbeitsmotivation und Arbeitszufriedenheit**	59
4.1	**Arbeitsmotivation**	60
4.1.1	Zwei-Faktoren-Theorie von Herzberg	61
4.1.2	VIE-Theorie	62
4.1.3	Erweitertes Erwartungswertmodell von Heckhausen	63
4.1.4	Zielsetzungstheorie von Locke und Latham	64
4.1.5	Weitere im Arbeitskontext einsetzbare Modelle	66
4.2	**Arbeitszufriedenheit**	67
	Literatur	73
5	**Stress und Arbeitsbelastungen**	75
5.1	**Stress in der Arbeitswelt**	78
5.2	**Transaktionales Stressmodell**	79
5.3	**Anforderungs-Kontroll-Modell**	81
5.4	**Anforderungs-Ressourcen-Modell**	83
5.5	**Weitere arbeitsbezogene Stressmodelle**	83
5.6	**Erholung und Freizeit**	85
	Literatur	90

II Organisationspsychologie

6	**Organisationale Sozialisation und Gravitation**	95
6.1	**Organisationale Sozialisation**	99
6.1.1	Sozialisation vor dem Eintritt	99
6.1.2	Sozialisation bei Eintritt	100
6.1.3	Adaptionsprozess	101
6.1.4	Sozialisationsmaßnahmen	101
6.2	**Attraktions-Selektions-Modell**	102
6.3	**Organisationales Commitment**	103
6.4	**Organisationsklima und Organisationskultur**	104
	Literatur	107
7	**Führung in Organisationen**	111
7.1	**Führung und Persönlichkeit**	114
7.1.1	Charisma	114
7.1.2	Persönlichkeitsmerkmale und Führungserfolg	115
7.1.3	„Dunkle Triade" und Führungserfolg	116
7.1.4	Führungskompetenzen	117
7.2	**Führung und Verhalten**	119
7.2.1	Aufgaben- und mitarbeiterorientierte Führung	120
7.2.2	Transaktionale und transformationale Führung	122
7.2.3	Ethische Führung	124
7.2.4	Agile Führung	124
7.3	**Situative Einflüsse**	126
7.4	**Passung als Rahmenmodell der Führung**	127
	Literatur	131

8	**Organisationsdiagnose und -entwicklung**	135
8.1	**Organisationsdiagnose**	136
8.1.1	Dimensionen der Organisationsdiagnostik	138
8.1.2	Ziele der Organisationsdiagnostik	140
8.1.3	Vorgehen bei der Organisationsdiagnostik	140
8.2	**Organisationsentwicklung**	142
8.2.1	Organisationale Passung	142
8.2.2	Organisationsentwicklung vs. Veränderungsmanagement	143
8.2.3	Maßnahmen der Organisationsentwicklung	146
8.2.4	Methoden der Organisationsentwicklung	147
	Literatur	150
9	**Was tun mit alledem? Abschließende Reflexionen**	151
9.1	**Zur Einordnung der behandelten Themen**	152
9.2	**Die Frage nach der psychologischen Haltung**	153
	Literatur	157

Serviceteil

Stichwortverzeichnis 161

Was ist Arbeits- und Organisationspsychologie?

Inhaltsverzeichnis

1.1 Die Anfänge der Arbeits- und Organisationspsychologie – 3

1.2 Der gesellschaftliche und wirtschaftliche Hintergrund – 5

1.3 Themen und Betrachtungsebenen der Arbeits- und Organisationspsychologie – 9

1.4 Inhalt und Aufbau des Buches – 11

Literatur – 12

© Der/die Autor(en), exklusiv lizenziert an Springer-Verlag GmbH, DE, ein Teil von Springer Nature 2024
P. M. Bak, *Arbeits- und Organisationspsychologie*, Angewandte Psychologie Kompakt,
https://doi.org/10.1007/978-3-662-68597-6_1

> **Übersicht**
>
> Als Käufer dieses Buches können Sie kostenlos unsere Flashcard-App „SN Flashcards" mit Fragen zur Wissensüberprüfung und zum Lernen von Buchinhalten nutzen. Für die Nutzung folgen Sie bitte den folgenden Anweisungen:
> 1. Gehen Sie auf ▶ https://flashcards.springernature.com/login
> 2. Erstellen Sie ein Benutzerkonto, indem Sie Ihre Mailadresse angeben und ein Passwort vergeben.
> 3. Verwenden Sie den folgenden Link, um Zugang zu Ihrem SN Flashcards Set zu erhalten: ▶ https://sn.pub/YOQp6S
>
> Sollte der Link fehlen oder nicht funktionieren, senden Sie uns bitte eine E-Mail mit dem Betreff „SN Flashcards" und dem Buchtitel an customerservice@springernature.com.

Lernziele
- Die Themen und Ziele der Arbeits- und Organisationspsychologie kennen
- Den Begriff VUCA-Welt erläutern können
- Den Hawthorne-Effekt kennen
- Die Ebenen der Arbeits- und Organisationspsychologie kennen und beschreiben können
- Verstehen, was in dem Lehrbuch auf sie wartet

Einführung

Man kann mit Fug und Recht sagen, dass die Arbeits- und Organisationspsychologie (kurz A&O-Psychologie) eines der wichtigsten Anwendungsfelder der Psychologie ist. Als Indiz für diese Behauptung können zum einen die vielen spezialisierten Masterprogramme mit Bezug auf arbeits- und organisationspsychologische Inhalte an Hochschulen angegeben werden (Spinat, 2021), zum anderen der Umstand, dass im Bereich der Arbeits-, Organisations- und Wirtschaftspsychologie nach einer im Jahr 2017 durchgeführten Stellenrecherche der Deutschen Gesellschaft für Psychologie sehr viele Stellen ausgeschrieben wurden, genau genommen 29 % der analysierten Stellen. Nur in der Wissenschaft wurden noch mehr Psychologen und Psychologinnen gesucht (33 %). Im klinisch-psychologischen Sektor waren es dagegen „nur" 17 % (DGPs, 2021). Das ist umso erstaunlicher, wenn man bedenkt, dass die explizite akademische Beschäftigung mit der Thematik noch gar nicht allzu lange währt.

Noch in den 1980er-Jahren gab es zur Arbeits- und Organisationspsychologie kaum Studiengänge oder Veranstaltungen; die entsprechende Fachgruppe „Arbeits-, Organisations- und Wirtschaftspsychologie" innerhalb der DGPs wurde erst 1985 gegründet.

1.1 Die Anfänge der Arbeits- und Organisationspsychologie

Die späte Institutionalisierung des Fachs bedeutet aber nicht, dass Themen wie Arbeit und Organisation vorher keine Rolle gespielt hätten. Der Ökonom und Philosoph Adam Smith beispielsweise machte sich schon im 18. Jahrhundert seine Gedanken über die Auswirkungen von Arbeit auf das Wohl der Beschäftigten und deren Effizienz und kam zu für seine Zeit erstaunlichen Erkenntnissen. Am Beispiel einer Stecknadelfabrik fand er, dass die Arbeitsteilung einerseits zwar zu einer Effizienzsteigerung führt, der Arbeiter andererseits aber durch seine eintönige Arbeit verlernt, seinen Verstand zu gebrauchen. Zudem, so warnt Smith, geht mit der Einfachheit der Arbeit auch die Gefahr einher, die Ausbildung der Arbeiter zu vernachlässigen (Smith, 1763/1978, 1776/2007). Pioniere der A&O-Psychologie wie Emil Kraeplin oder Hugo Münsterberg untersuchten Anfang des 20. Jahrhunderts ähnliche Fragestellungen, wie die Buch- und Zeitschriftenbeitragstitel „Psychology and industrial efficiency" (Münsterberg, 1913), „Psychologie und Wirtschaftsleben" (Münsterberg, 1916) oder „Zur Hygiene der Arbeit" (Kraeplin, 1896) belegen. Häufig wird der Ingenieur Frederick Taylor als Urvater der A&O-Psychologie genannt, der in seinem Buch „The Principles of Scientific Management" (1911) Prinzipien einer Betriebsführung entwickelte, die bis heute zum Teil Gegenstand von Kontroversen sind. Die vier Prinzipien des „Taylorismus" zur Betriebsoptimierung lauten

Taylorismus

1. Zerlege die Arbeitsaufgaben in Teile, analysiere sie mittels Zeit- und Bewegungsstudien und prüfe, ob sie zu rationalisieren sind.
2. Suche und schule diejenigen Arbeitskräfte, die am besten für die Aufgaben geeignet sind.
3. Trenne Kopf- und Handarbeit, d. h. Manager planen und überwachen die Tätigkeit, die von Arbeitern ausgeführt wird.
4. Stelle Einvernehmen zwischen Arbeitgebern und Arbeitnehmern her.

Taylor war davon überzeugt, dass die Kombination aller Elemente das wissenschaftlich fundierte Management ausmacht. Wichtig waren ihm dabei noch folgende zwischenmenschliche Punkte (Taylor, 1911, S. 141):

- „Harmony, not discord" (Harmonie statt Zwietracht)
- „Cooperation, not individualism" (Zusammenarbeit statt Individualismus)
- „Maximum output, in place of restricted output" (maximale statt begrenzte Leistung)
- „The development of each man to his greatest efficiency and prosperity" (die Entwicklung eines jeden Menschen zu seiner größten Tüchtigkeit und Wohlstand)

Er war überzeugt, dass damit nicht nur Unternehmen profitabler werden, sondern auch die Welt als Ganzes („The larger profit would come to the whole world in general", S. 142).

> **Die Macht der menschlichen Beziehung? – Die Hawthorne-Studien**
> Immer wieder taucht in der Literatur zur Organisationspsychologie der Begriff Hawthorne-Effekt oder Hawthorne-Studien auf. Die Studien wurden im Jahr 1924 in einer Fabrik der Western Electric Company in Chicago begonnen und dann bis 1933 vor Ort durchgeführt. Ein Ziel war dabei, den Einfluss der Beleuchtung auf die Produktivität herauszufinden. Dazu wurde in der Experimentalgruppe die Beleuchtung Schritt für Schritt reduziert, während in der Kontrollgruppe die Beleuchtung konstant gehalten wurde. Es zeigte sich nun, dass in beiden Gruppen die Produktivität (Zusammenbau von Relais oder das Wickeln von Spulen) zunahm und die Versuchspersonen sich erst dann, als das Licht der Stärke des Mondlichts entsprach, darüber beschwerten und die Produktivität nachließ. Dieses Ergebnis bedeutete also, dass es zwar in der Studie einen Einfluss auf die Produktivität gab, die Beleuchtung aber nicht als Erklärung dafür herhalten konnte. In weiterführenden Studien, in denen andere Umgebungsbedingungen variiert wurde, kam es zu vergleichbaren Ergebnissen. Roethlisberger und Dickson (1939), die den Hauptbericht über die Studien herausbrachten, folgerten aus den Ergebnissen, dass der wichtigste Faktor für die Produktivitätssteigerung vermutlich die verbesserten persönliche Beziehungen zwischen Arbeitnehmern und dem Management war. Es reichte offenbar aus, dass die Angestellten den Eindruck hatten, dass man sich um sie bzw. bessere Arbeitsbedingungen kümmert.

> Auch wenn diese Studien und die Schlussfolgerungen seither immer wieder kritisiert wurden (siehe dazu z. B. Wickström & Bendix, 2000), gelten sie doch als Initialzündung für die Beschäftigung mit zwischenmenschlichen Faktoren (*human resources*) im organisationalen Kontext.

Es sollte allerdings, wie wir zu Beginn bereits festgestellt haben, noch einiges an Zeit vergehen, bis die A&O-Psychologie die Bedeutung erlangte, die ihr heute zukommt. Zwei Faktoren begünstigten diesen Aufstieg. Zum einen hat sich die Psychologie mittlerweile insgesamt als bedeutsames Fach in vielen Anwendungsbereichen etabliert. Bestand ein Großteil der psychologischen Forschung und Anwendung in der ersten Hälfte des 20. Jahrhunderts noch aus Grundlagenforschung und der Anwendung in klinisch-psychologischen Bereichen, spielen psychologische Erkenntnisse seit der Mitte des vorherigen Jahrhunderts auch in außerklinischen Anwendungsgebieten wie etwa im Sport, der Werbung, bei Gesundheitsfragen, der Mediennutzung, im pädagogischen Kontext und eben auch im organisationalen Umfeld und in Bezug zur Arbeit eine zunehmend wichtige Rolle. Zum anderen ist der Bedarf nach psychologischer Begleitung und Unterstützung in einer zunehmend komplexeren Welt, in der wir permanent mit neuen Aufgaben, Entwicklungen und Herausforderungen konfrontiert sind, gewachsen. Veränderte Vorstellungen von Arbeit und Freizeit, der Wandel an Interessen und Werten und der technologische Fortschritt tragen ihr Übriges dazu bei. Und damit sind wir schon mittendrin in der Thematik, mit der sich die Arbeits- und Organisationspsychologie beschäftigt, und dem Spannungsfeld, mit dem sie konfrontiert wird.

Großer Bedarf nach Psychologie

1.2 Der gesellschaftliche und wirtschaftliche Hintergrund

Im Mittelpunkt der Arbeits- und Organisationspsychologie steht die Frage, wie Anforderungen, Möglichkeiten, Bedürfnisse, Vorstellungen und Merkmale aufseiten des arbeitenden Individuums mit den Anforderungen, Möglichkeiten, Bedürfnissen, Vorstellungen und Merkmalen der Organisation, des Unternehmens und den dort zu erledigenden Tätigkeiten in Einklang gebracht werden können. Über diese Frage lässt sich trefflich streiten, je nachdem, welcher Seite man hier Priorität einräumt. Es geht um nichts Geringeres als die Frage, ob wir Arbeiten instrumentell verstehen, als ein Mittel um ein gutes,

Welche Prioritäten gelten?

erfülltes (Zusammen-)Leben zu ermöglichen (vgl. Ulrich, 2008), ob wir uns an die Erfordernisse der Arbeitswelt anpassen müssen, um damit ökonomischen Erfolg abzusichern, oder ob es am Ende einen Interessenausgleich (Win-win-Situation) gibt. Diese Frage steht seit Beginn der Beschäftigung mit der Arbeit in Organisationen im Vordergrund und ist auch heute, angesichts hoher Krankenstände (Techniker Krankenkasse, 2020) und Versuchen einer ökologischen und nachhaltigen Wende, die versucht, einen Interessenausgleich zwischen individuellen, ökologischen, sozialen und ökonomischen Anforderungen herzustellen, aktueller denn je. Insbesondere wenn man die Folgen der Globalisierung und der Digitalisierung der letzten drei Jahrzehnte betrachtet, in der Waren immer schneller und international gefertigt und gehandelt werden, in denen Firmenübernahmen zum Alltag gehören und Begriffe wie Industrie 4.0, lebenslanges Lernen, virtuelle Führung oder Homeoffice den steten Wandeln unserer Lebens- und Arbeitswelt beschreiben. Welche Auswirkungen haben diese Veränderungen auf unser Erleben und Verhalten? Was bedeutet das für eine humane Arbeitsplatzgestaltung? Wie können Unternehmen dennoch erfolgreich sein? Und wie können Arbeitszufriedenheit und Motivation der Beschäftigten gefördert werden oder erhalten bleiben?

Für die sich schnell wandelnde (Arbeits-)Welt hat sich die Bezeichnung VUCA-Welt etabliert (z. B. Bennett & Lemoine, 2014), wobei VUCA ein Akronym ist, das für Folgendes steht:

- **Volatility**: Die Dinge verändern sich immer schneller (z. B. Digitalisierung).
- **Uncertainty**: Die Ungewissheit über die künftige Entwicklungsrichtung (das Heute sagt die Zukunft kaum voraus).
- **Complexity**: Die globalisierte, digitale Welt und das Zusammenwirken der verschiedenen Kräfte werden immer komplexer (wer bestimmt eigentlich noch?).
- **Ambiguity**: Es fehlt an Eindeutigkeit, stattdessen herrscht in vielen Aspekten Mehrdeutigkeit vor (was ist richtig, was falsch?).

1.2 · Der gesellschaftliche und wirtschaftliche Hintergrund

 Zu den Begrifflichkeiten in der Arbeits- und Organisationspsychologie

Aus soziologischer Sicht beschreibt Zygmut Bauman (2003) die Moderne als flüchtig und meint damit, dass die Strukturen und Beziehungen in der Gesellschaft, die einst stabil waren, nun unsicher geworden sind. Für Unternehmen und Organisationen bedeutet die VUCA-Welt stetiger Wandel, im Großen (Stichwort Mergers & Acquisitions; Veränderungen in der Aufbau- und Ablauforganisation) wie im Kleinen (Einführung einer neuen Software oder Wechsel der Führungskraft). Solche organisationalen Veränderungsprozesse haben stets auch Auswirkungen auf die daran beteiligten Menschen (◘ Abb. 1.1). Daher ist auch der Bedarf an psychologischem Know-how in den letzten Jahren stetig gestiegen und wird auch als Wettbewerbsvorteil angesehen.

VUCA-Welt

◘ Abb. 1.1 Arbeit kann sehr belastend sein (© Kateryna Naegler)

Veränderte Arbeitswelt

Aber auch die Arbeit selbst und die Einstellung dazu hat sich verändert. Viele Menschen arbeiten heute mit technischen Hilfsmitteln, das Internet ist allgegenwärtig, hybrides Arbeitsformen oder das Arbeiten von zu Hause sind keine Ausnahmen mehr. Das hat wiederum Auswirkungen auf die Arbeits- und Arbeitsplatzgestaltung. Führungskonzepte, die in Arbeitsumgebungen mit Menschen vor Ort funktionieren, können nicht einfach auf das Führen von virtuellen Teams angewandt werden. Im Homeoffice zu arbeiten ist etwas anderes als im Kreis von Kollegen und Kolleginnen. Viele Beschäftigte wechseln auch häufiger den Arbeitsplatz und Arbeitsort, womit ganz neue Probleme und Herausforderungen entstehen (siehe dazu den Kasten „Unternehmenstreue"). Und auch die Arbeitszeiten haben sich in den letzten Jahrzehnten verändert. Heute haben wir viel mehr freie Zeit, was wiederum den Stellenwert der Arbeit verändert hat. Für viele Menschen ist Arbeit nicht mehr so zentral wie früher. Sie stehen vor der Frage, wie sie Arbeit und Freizeit optimal organisieren können („Lebst Du, um zu arbeiten oder arbeitest Du, um zu leben?"). Und damit sind wir mittendrin in psychologischen Betrachtungen von Arbeit und Arbeiten in Organisationen. Es geht um individuelles Erleben und Verhalten im Zusammenhang von Arbeit. Wie erleben wir die Arbeit, ist sie erfüllend oder belastend, kann sie uns motivieren oder langweilt sie uns eher? Und wie „leben" wir „auf der Arbeit"? Fühlen wir uns im sozialen Kontext mit Führungspersonen und Kollegen und Kolleginnen wohl, akzeptiert und anerkannt oder eher unsicher, drangsaliert und ohnmächtig? Und wie wirkt sich dies alles auf unsere Arbeitszufriedenheit oder unseren Wunsch, die Organisation zu wechseln, aus? Und wie und in welchem Ausmaß prägen uns eigentlich die Organisationen und Unternehmen, in denen wir arbeiten? Dies sind nur einige der Fragen, die sich im vorliegenden Kontext aus psychologischer Perspektive ergeben.

> **Reflexionen: Unternehmenstreue**
> Für viele Menschen aus der Generation unserer Großväter war es nicht unüblich, sehr lange bei einem Arbeitgeber zu bleiben. Das gilt zwar auch heute noch für viele Erwerbstätige – die durchschnittliche Betriebszugehörigkeit liegt bei 10,9 Jahren –, doch gerade gut ausgebildete Menschen wechseln häufiger den Arbeitsplatz (IDW, 2022). Wie sieht es bei Ihrer Familie, Freunden oder Bekannten aus? Haben Sie bei ihnen auch schon häufiger einen Arbeitsplatzwechsel erlebt? Und wie sieht es bei Ihnen selbst aus? Tendieren Sie eher zur Unternehmenstreue oder präferieren Sie die Abwechslung? Und was sind die Gründe für einen möglichen Wechsel?

1.3 Themen und Betrachtungsebenen der Arbeits- und Organisationspsychologie

Heute ist die A&O-Psychologie eine sehr bedeutsame Teildisziplin der Wirtschaftspsychologie als einem Bereich der angewandten Psychologie. Sie wird in der Regel unterteilt in Arbeitspsychologie, Organisationspsychologie und Personalpsychologie und innerhalb der Wirtschaftspsychologie abgegrenzt gegenüber der Markt- und Werbe- bzw. Konsumentenpsychologie, wobei die Trennung unscharf ist, gibt es doch Schnittstellen zwischen diesen wirtschaftspsychologischen Disziplinen, etwa wenn organisationale Prozesse mit Kundenkontakt betrachtet werden.

Wir werden uns im Folgenden ausschließlich mit den Bereichen Arbeit und Organisation beschäftigen, die inhaltlich und konzeptuell große Nähe und Überlappungen aufweisen, weswegen eine gemeinsame Betrachtung auch Sinn macht.

Nach Angaben des Statistischen Bundesamtes haben Erwerbstätige im Jahr 2019 durchschnittlich 34,8 h mit Arbeit verbracht, wobei hier eine große Streubreite der Arbeitszeit zu bedenken ist (Statistisches Bundesamt, 2022). Auch wenn die Arbeitszeit seit Jahren rückläufig ist, verbringen wir sehr viel Lebenszeit mit Arbeit, und das meistens nicht allein, sondern in Organisationen. Hierbei kommt es aus Sicht der Organisationspsychologie zu mannigfaltigen Wechselwirkungen zwischen Menschen (Kollegen und Kolleginnen) in unterschiedlichen Rollen und Funktionen (Führungskraft, Mitarbeiter und Mitarbeiterinnen), zwischen Einstellungen, Wünschen, Zielen, Neigungen, Wissen, Fähigkeiten, Werthaltungen oder Lebensentwürfen des Individuums und den Arbeitsanforderungen, Prozessen oder Organisationsformen und -kulturen. Es gibt verschiedenste Konflikte zu lösen, Veränderungen zu bewältigen, Neues zu lernen oder Probleme wie die Vereinbarkeit von Arbeit und Freizeit zu lösen oder mit Arbeitsplatzverlust oder Ruhestand umzugehen. Arbeit kann Stress auslösen, zu persönlichem Wachstum und Zufriedenheit beitragen oder uns krank machen. Erwerbslosigkeit ebenfalls. All diese Themen kann man aus unterschiedlicher Perspektive betrachten, nämlich aus Perspektive des Individuums (intrapsychische Prozesse), auf der Ebene von Arbeitsgruppen (interpsychische Prozesse) oder auf der Ebene der Gesamtorganisation (Schuler, 1995). So kann man fragen, welche Voraussetzungen, (Persönlichkeits-)Merkmale und Kompetenzen aufseiten des Individuums, welche Merkmale von Gruppen (Strukturen, Prozesse, Normen, Interaktionen; Führung) und welche organisationalen Merkmale (Unternehmensziel, -kultur) in welcher Art und Weise das Verhalten und Erleben in Or-

Beschreiben, Erklären, Intervenieren

Organisations- und Arbeitspsychologie

ganisationen beeinflussen. Dabei geht es in einem ersten Schritt darum, diese Bedingungen zu beschreiben und anhand von Theorien und Konzepten zu erklären. Als nächstes müssen Instrumente und Methoden entwickelt werden, mit denen wir die einzelnen Merkmale, Bedingungen und wechselwirkenden Prozesse diagnostisch erfassen können, damit wir drittens auf Basis dieser Erkenntnisse Interventionsmaßnahmen zur Optimierung ableiten können. Schließlich geht es viertens darum, diese Interventionen auf ihre Wirksamkeit und im Sinne einer Qualitätssicherung zu evaluieren (◘ Abb. 1.2).

Während die Gruppen- und Organisationsebene und damit einhergehende Themen wie Organisationssozialisation, Organisationskultur, Organisationsentwicklung oder Führung im Fokus der Organisationspsychologie stehen, stehen in der Arbeitspsychologie das Individuum und seine Tätigkeiten im Mittelpunkt. Im Fokus stehen Analysen der Arbeitsaufgaben, der Arbeitsprozesse und Arbeitsplatzgestaltung, der Arbeitsstrukturen und deren Auswirkungen auf die menschliche Leistungsfähigkeit, Leistungsbereitschaft, Gesundheit, Motivation und Zufriedenheit (z. B. Nerdinger et al., 2019; Ulich, 2020).

Um diese anspruchsvollen Aufgaben zu erledigen, nutzt die Arbeits- und Organisationspsychologie ein breites Spektrum psychologischer Modelle, Theorien und Methoden. Dazu gehören insbesondere emotions-, motivations-, kognitions-, sozial-, differenzial- und entwicklungspsychologische Erkenntnisse; aber auch die Kenntnis psychologischer Methoden sind für Forschung und Anwendung von großer Bedeutung.

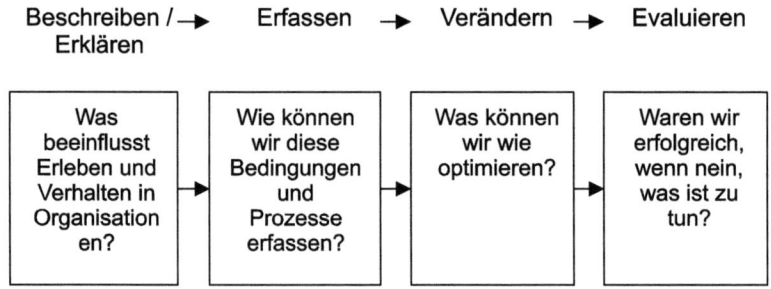

◘ Abb. 1.2   Generelles Vorgehen in der Arbeits- und Organisationspsychologie

1.4 Inhalt und Aufbau des Buches

Wir werden unseren Streifzug durch die Arbeits- und Organisationspsychologie mit der Arbeitspsychologie beginnen. Wir starten in ▶ Kap. 2 mit dem Thema Arbeitsanalyse, also der Frage, wie man Arbeit überhaupt konzeptuell beschreiben kann und welche spezifischen Anforderungen an unterschiedliche Tätigkeiten gestellt werden bzw. wie man diese Arbeitsanforderungen erfassen kann, etwa um verschiedene Tätigkeiten miteinander vergleichen zu können. In ▶ Kap. 3 werden wir uns dann mit dem Thema der Arbeitsgestaltung beschäftigen und uns fragen, welche Kriterien eine sinnvolle und befriedigende Arbeit zu erfüllen hat, um beispielsweise humane Arbeitsbedingungen zu erfüllen und nicht nur effektiv, sondern auch persönlichkeitsförderlich zu sein. Anschließend beschäftigen wir uns mit den Themen Arbeitsmotivation und Arbeitszufriedenheit (▶ Kap. 4) als zwei zentralen Zielgrößen bei der Arbeitsgestaltung und -bewertung. Gibt es verallgemeinerbare Kriterien, wann Beschäftigte mit ihrer Arbeit zufrieden sind und wann sie motiviert dazu sind? Anschließend werden wir uns noch mit der Schattenseite der Arbeit beschäftigen und uns ansehen, welche negativen Auswirkungen Arbeit haben kann, z. B. Stress (▶ Kap. 5). Im zweiten Teil des Buches nehmen wir dann die Organisation als Ganzes in den Blick. Wir beginnen in ▶ Kap. 6 mit dem Einstieg in die Organisation und betrachten, welche Prozesse, Herausforderungen und Einflüsse beim Eintritt des Individuums in die Organisation wichtig sind. Anschließend widmen wir uns in ▶ Kap. 7 dem Thema Führung. Wir werden verschiedene Führungsmodelle kennenlernen und die positiven wie negativen Auswirkungen von Führung betrachten. Im vorletzten Kapitel (▶ Kap. 8) rücken wir die Themen Organisationsdiagnose und Organisationsentwicklung in den Vordergrund. Hier geht es um die Beschreibung organisationaler Prozesse und Strukturen und deren Veränderung. Beenden werden wir das Lehrbuch (▶ Kap. 9) mit einigen weiterführenden Reflexionen zu den behandelten Themen und zum Berufsverständnis, das insbesondere für die Berufspraxis wichtig ist.

Noch eine Bemerkung zum Aufbau des Lehrbuchs. Wie Sie es von der Buchreihe „Angewandte Psychologie Kompakt" gewohnt sind, endet jedes Kapitel mit einer Zusammenfassung und Reflexionsfragen, die man für sich selbst oder in didaktischen Zusammenhängen nutzen kann. Auch lade ich Sie ein, bei dem ein oder anderen Selbsttest mitzumachen und die Organisations- und Arbeitspsychologie nicht nur theoretisch kennenzulernen, sondern den Inhalt auch direkt und in Form der Selbstreflexion anzuwenden.

? Prüfungsfragen
1. Mit welchen Themen beschäftigt sich die Organisations- und Arbeitspsychologie? Begründen Sie, warum die Psychologie hierfür wichtige Beiträge leisten kann.
2. Welche vier Prinzipien liegen dem Taylorismus zugrunde?
3. Warum gelten die Hawthorne-Studien als Initialzündung des Human-Relations-Ansatzes?
4. Was versteht man unter dem Akronym VUCA-Welt? Erläutern Sie das Konzept an konkreten Beispielen. Warum ist das für die Arbeits- und Organisationspsychologie relevant?
5. Beschreiben Sie das Spannungsfeld der Organisationspsychologie zwischen Mensch und Organisation.

Zusammenfassung
- Themen wie Arbeit und Organisationen sind schon lange Gegenstand der Beschäftigung.
- Die wissenschaftliche Auseinandersetzung mit der A&O-Psychologie ist dagegen noch relativ jung (zu Beginn des 20. Jahrhunderts).
- Der Taylorismus kann als ein erstes wissenschaftliches Konzept der Arbeits- und Organisationsgestaltung angesehen werden.
- Die Hawthorne-Studien belegen, wie bedeutsam menschliche Beziehungen für die Arbeitseffizienz sind.
- Der Bedarf nach psychologischer Begleitung ist im Umfeld von Arbeit und Organisationen stetig gewachsen.
- Die moderne Welt ist durch Ungewissheit, Komplexität, Schnelligkeit und Uneindeutigkeit geprägt (VUCA-Welt).

Schlüsselbegriffe
Arbeitspsychologie, Hawthorne-Effekt, Organisationspsychologie, Taylorismus, VUCA Welt

Literatur

Bauman, Z. (2003). *Flüchtige Moderne*. Suhrkamp.

Bennett, N., & Lemoine, J. (2014). What a difference a word makes: Understanding threats to performance in a VUCA world. *Business Horizons, 57*(3), 311–317.

DGPS. (2021). *Arbeitsmarkt für Psycholog:innen*. https://www.dgps.de/psychologie-studieren/berufsfelder/arbeitsmarkt-fuer-psychologen/. Zugegriffen am 15.11.2022.

IDW. (2022). *Betriebszugehörigkeit: Lange im Betrieb*. https://iwd.de/artikel/lange-im-betrieb-355822/. Zugegriffen am 31.01.2023.

Literatur

Kraeplin, E. (1896). *Zur Hygiene der Arbeit*. Gustav Fischer.
Münsterberg, H. (1913). *Psychology and industrial efficiency*. Riverside.
Münsterberg, H. (1916). *Psychologie und Wirtschaftsleben. Ein Beitrag zur angewandten Experimental-Psychologie*. Johann Ambrosius Barth.
Nerdinger, F. W., Blickle, G., & Schaper, N. (2019). *Arbeits- und Organisationspsychologie* (4. Aufl.). Springer.
Roethlisberger, F. J., & Dickson, W. (1939). *Management and the worker*. Havard University Press.
Schuler, H. (1995). *Lehrbuch Organisationspsychologie* (2. Aufl.). Huber.
Smith, A. (1763/1978). *Lectures on jurisprudence*. Liberty Fund.
Smith, A. (1776/2007). *An inquiry into the nature and causes of the wealth of nations*. Metalibri.
Spinat, B. (2021). Zur Lage der Psychologie. *Psychologische Rundschau, 72*(1), 1–18.
Statistisches Bundesamt. (2022). *Wöchentliche Arbeitszeit*. https://www.destatis.de/DE/Themen/Arbeit/Arbeitsmarkt/Qualitaet-Arbeit/Dimension-3/woechentliche-arbeitszeitl.html. Zugegriffen am 16.11.2022.
Taylor, F. W. (1911). The principles of scientific management. Harper & Brothers.
Techniker Krankenkasse. (2020). Gesundheitsreport 2020 – Zeitarbeit: Chance oder Risiko? Arbeitssituation und Gesundheit von Zeitarbeitern. https://www.tk.de/resource/blob/2086056/7b2be29d67fd4836da2e48f6362a022e/2020-gesundheitsreport-data.pdf. Zugegriffen am 27.10.2022.
Ulich, E. (2020). *Arbeitspsychologie* (7. Aufl.). Schäffer-Poeschel.
Ulrich, P. (2008). Nachhaltigkeit – Wirtschaftsethisch ernst genommen: „Vitalpolitik". *Management und Qualität. Das Magazin für integrierte Managementsysteme, 38*(12), 8–10.
Wickström, G., & Bendix, T. (2000). The „Hawthorne effect" – What did the original Hawthorne studies actually show? *Scandinavian Journal of Work, Environment & Health, 26*(4), 363–367.

Arbeitspsychologie

Inhaltsverzeichnis

Kapitel 2   Arbeitsanalyse – 17

Kapitel 3   Arbeitsgestaltung – 41

Kapitel 4   Arbeitsmotivation und Arbeitszufriedenheit – 59

Kapitel 5   Stress und Arbeitsbelastungen – 75

Arbeitsanalyse

Inhaltsverzeichnis

2.1 Zahlen zur Arbeit – 19

2.2 Gegenstand der Arbeitsanalyse – 20

2.3 Was ist eine Arbeitsanalyse? – 21

2.4 Ziele der Arbeitsanalyse – 21

2.5 Dimensionen der Arbeitsanalyse – 22

2.6 Methoden der Arbeitsanalyse – 23
2.6.1 Soziotechnische Systemanalyse – 23
2.6.2 VERA – Verfahren zur Ermittlung von Regulationserfordernissen in der Arbeitstätigkeit – 25
2.6.3 Job-Diagnostic Survey (JDS) – 27
2.6.4 Work Design Questionnaire (WDQ) – 29
2.6.5 Instrument zur stressbezogenen Arbeitsanalyse (ISTA) – 30
2.6.6 Kurzfragebogen zur Arbeitsanalyse – 32
2.6.7 Zur Bewertung und Einordnung der Verfahren – 34

Literatur – 36

© Der/die Autor(en), exklusiv lizenziert an Springer-Verlag GmbH, DE, ein Teil von Springer Nature 2024
P. M. Bak, *Arbeits- und Organisationspsychologie*, Angewandte Psychologie Kompakt,
https://doi.org/10.1007/978-3-662-68597-6_2

🏠 Lernziele

- Ziele der Arbeitsanalyse kennen
- Dimensionen und Ebenen von Arbeitsanalysen unterscheiden können
- Verschiedene Verfahren der Arbeitsanalyse nennen und inhaltlich beschreiben können
- Die Idee der soziotechnischen Systemanalyse kennen und am Beispiel der MTO-Analyse erklären können
- Das VERA-Verfahren kennen und beschreiben können
- Faktoren kennen, die nach dem *Job Characteristics Model* die intrinsische Motivation erhöhen
- Die drei Merkmalsbereiche kennen, die im *Work Design Questionnaire* untersucht werden
- Inhalte des ISTA-Fragebogens beschreiben können

Einführung

Beginnen wir mit dem Thema Arbeit, einer Tätigkeit, die wir alle verrichten und die sich dennoch gar nicht so einfach konzeptuell fassen lässt. Für manche bedeutet Arbeit, Geld zu verdienen, für andere steht die Mühsal im Vordergrund. Und dann gibt es Menschen, für die Arbeit sinnstiftend und bedeutungsgebend ist. Vermutlich hat diese Ambivalenz von Arbeit Kurt Lewin schon vor 100 Jahren dazu bewogen, von den „zwei Gesichtern" der Arbeit zu sprechen und darauf hinzuweisen, dass Arbeit zwar Mühe und Zwang bedeutet, auf der anderen Seite aber unentbehrlich ist, „weil das Leben ohne Arbeit hohl und halb ist" (Lewin, 1920, S. 21). In jedem Fall ist Arbeit eine instrumentelle Tätigkeit, wir tun sie, um ein bestimmtes Ziel zu erreichen. Würden wir Arbeit zum Selbstzweck verrichten, würden wir dafür vermutlich einen anderen Begriff wählen. Eng gefasst könnte man Arbeit als „Mittel der physischen Selbsterhaltung" (Walther, 1990, S. 4) definieren. In einer etwas weiter gefassten Definition kann man Arbeit als „zielgerichtete menschliche Tätigkeit zum Zwecke der Transformation und Aneignung der Umwelt aufgrund selbst- oder fremddefinierter Aufgaben, mit gesellschaftlicher, materieller oder ideeller Bewertung, zur Realisierung oder Weiterentwicklung individueller oder kollektiver Bedürfnisse, Ansprüche und Kompetenzen" (Semmer & Udris, 1995, S. 134) verstehen. Wir werden uns bei der Betrachtung von Arbeit auf die Erwerbsarbeit beschränken und andere Formen der Arbeit wie Schwarzarbeit, die Pflege von Angehörigen, Freiwilligenarbeit oder unbezahlte Arbeit außer Acht lassen. Im Fokus steht die bezahlte Arbeit inklusive ihrer typischen Randbedingungen, Merkmale und Machtstrukturen. Beginnen wir damit, unseren Untersuchungsgegenstand näher zu betrachten und schauen wir auf einige Zahlen und Fakten.

2.1 Zahlen zur Arbeit

Laut Angaben des Statistischen Bundesamtes beträgt der Durchschnitt der normalerweise geleisteten wöchentlichen (bezahlten) Arbeitszeit in Deutschland im Jahr 2019 34,8 h, in Österreich sind es 36,4 und in der Schweiz 32,7 h (Statistisches Bundesamt, 2022a; Bundesamt für Statistik, 2022). Das ist zwar deutlich weniger als beispielsweise in den 1960er- und 1970er-Jahren, dennoch verbringen viele Menschen nach wie vor sehr viel ihrer wachen Zeit im Arbeitskontext. Viele Arbeitsindikatoren sind in den deutschsprachigen Ländern im Großen und Ganzen vergleichbar, weswegen hier v. a. Kennzahlen aus Deutschland genannt werden. Das Institut für Arbeitsmarkt- und Berufsforschung der Bundesagentur für Arbeit (IAB, 2020) hat hierzu ausführliche Daten veröffentlicht. Im Jahr 2019 arbeiteten in Deutschland 86,7 % der vollbeschäftigten Männer und 85,5 % der vollbeschäftigten Frauen an 5 Tagen in der Woche und immerhin noch 6,5 % der Männer und 6,4 % der Frauen an mehr als 5 Tagen. Männer haben nach wie vor über alle Altersgruppen hinweg höhere Erwerbsquoten (Erwerbstätige und Erwerbslose im erwerbsfähigen Alter zwischen 15–64 Jahre) als Frauen. So waren im Jahr 2019 80,5 % der Männer und 72,8 % der Frauen im Alter von 15–64 Jahren erwerbstätig. In der Schweiz waren es im Jahr 2020 88,1 % der Männer und 80 % der Frauen (Bundesamt für Statistik, 2021), in Österreich im Jahr 2021 76,7 % der Männer und 68,1 % der Frauen (statistik.at, 2021). Allerdings hat sich der Abstand zwischen den Erwerbstätigenquoten von Männern und Frauen seit 1991 in Deutschland deutlich verringert. Dies liegt insbesondere an Entwicklungen in Westdeutschland. Lag die Erwerbsquote ostdeutscher Frauen im Jahr 1991 bereits bei 77,2 %, betrug sie damals bei den westdeutschen Frauen nur 58,4 %. Im Jahr 2019 lag die Quote in Westdeutschland bei 77,9 %, in Ostdeutschland blieb die Zahl nahezu konstant. Dass Erwerbsarbeit nach wie vor ungleich über die Geschlechter verteilt ist, kann man auch an den Erwerbskonstellationen in Familienhaushalten ablesen, die zum überwiegenden Teil noch traditionelle Strukturen bei der Arbeitsteilung von Frauen und Männern aufweisen. Zwar sind in fast zwei Dritteln (alle Angaben folgend für den Arbeitsmarkt in Deutschland) aller Paarhaushalte mit Kindern beide Partner erwerbstätig, aber nur in knapp 5 % der Fälle hat der Mann seine Arbeitszeit reduziert. Bei dem Großteil aller Paarhaushalte mit Kindern (fast 70 %) arbeiten zwar beide Partner, der Mann allerdings in Vollzeit, die Frau in Teilzeit. Hauptgrund für die Teilzeitbeschäftigung der Frauen ist

Unterschiede zwischen Ost- und Westdeutschland

Unterschiede zwischen Männern und Frauen

mit 28 % die Betreuung von Kindern, gefolgt von persönlichen/familiären Verpflichtungen (18 %).

Die Wirtschaftszweige mit den meisten Beschäftigten sind im Jahr 2021 nach Angaben der Arbeitsagentur für Arbeit (BfA, 2022) das Gesundheitswesen (2,64 Mio. sozialversicherungspflichtig Beschäftigte), der Einzelhandel (2,46 Mio.) und die öffentliche Verwaltung (1,95 Mio.). Dabei gibt es große Unterschiede zwischen den Geschlechtern. Frauen sind beispielsweise im Gesundheits- und Sozialwesen, bei Erziehung und Unterricht in großer Mehrheit (mehr als 70 %) anzutreffen, während Männer beispielsweise im Bergbau und dem Baugewerbe mit mehr als 85 % vertreten sind (IAB, 2020). Große Unterschiede finden sich auch hinsichtlich der beruflichen Hierarchie und des Verdienstes. Nach Angaben des Statistischen Bundesamtes waren im Jahr 2021 29,2 % der Führungspositionen von Frauen besetzt (Statistisches Bundesamt, 2022b), zudem verdienten Frauen im Schnitt rund ein Fünftel weniger als Männer (Statistisches Bundesamt, 2022c).

2.2 Gegenstand der Arbeitsanalyse

Arbeit als Statusmerkmal

Arbeit kann aus ganz unterschiedlichen Perspektiven betrachtet werden. Unter technologisch-ökonomischen Gesichtspunkten kann man Arbeit danach untersuchen, inwieweit man sie effizienter gestalten kann oder welche Arbeitsprozesse man durch Technikeinsatz rationalisieren kann. Arbeit kann aber auch aus gesellschaftlich-kultureller Perspektive betrachtet werden. Arbeit bildet zum einen die soziale Realität ab (welche Arbeit wird benötigt und wertgeschätzt), offenbart Machtpositionen und ist dadurch auch ein normerhaltender und normgebender Prozess (Offe, 1977). Arbeit ist in einer Leistungsgesellschaft wie der unseren, in der die Leistung beinahe „zur einzigen allgemeinverbindlichen Wertkategorie" (Kluth, 1977, S. 160) geworden ist, zu einem zentralen Statusmerkmal und Mittel der Anerkennung geworden: „Quantum und Qualität der Arbeit werden als Leistungsgrößen begriffen; (…) die materiellen und sozialen Chancen der Gesellschaft sollen ebenso nach dem Maß der individuellen Leistung verteilt werden wie die Anerkennung und die Wertschätzung, die jemand beanspruchen und erwarten darf" (Kluth, 1977, S. 160). Arbeit ist also Spiegel und Motor unserer Gesellschaft gleichermaßen. Und schließlich kann man Arbeit auch aus psychologischer Perspektive betrachten. Dann stehen z. B. folgende Fragen im Mittelpunkt:

1. Welche Auswirkungen haben Arbeit und die Arbeitsbedingungen auf unser Erleben und Verhalten?

2. Welche Arbeitsbedingungen sind für ein effizientes Arbeiten förderlich?
3. Welche Faktoren beeinflussen unsere Arbeitsmotivation und Arbeitszufriedenheit?
4. Welche Arbeitsumstände beeinträchtigen unser Wohlbefinden und unsere Entwicklung?

Um diese Fragen beantworten zu können ist eine Analyse des Betrachtungsgegenstandes nötig. Setzen wir unsere Betrachtungen daher mit der Arbeitsanalyse fort. Wie kann man Arbeit beschreiben und erfassen?

2.3 Was ist eine Arbeitsanalyse?

Eine Arbeitsanalyse (umfassend dazu vgl. Ulich, 2011) kann als empirische Tätigkeit definiert werden, die zum einen Formen und Bedingungen der Tätigkeit an sich und zum anderen deren Wechselwirkungen mit den Arbeitstätigen untersucht, um anschließend die Tätigkeit nach festgelegten Kriterien zu bewerten und mit anderen Tätigkeiten zu vergleichen, um sie verändern und optimieren zu können.

Arbeitsanalyse als empirische Tätigkeit

Im Rahmen dieser Analysen können ganz unterschiedliche Faktoren, Einflüsse und Randbedingungen untersucht werden, z. B. die Aufgabeninhalte, Abläufe und Prozesse, Normen, Werte und Rollen, aufgabenbezogene Verhaltensweisen und Anforderungen (Kognitionen, Informationen, Handlungsspielräume), Mensch-Maschine-Interaktionen, Arbeitsplatzergonomie, Arbeitsprodukte, Arbeitsumgebungen, Arbeitszeiten, Arbeitstempo, Belastungen durch Lärm, Staub etc., soziale Bedingungen (Kontakt- und Austauschmöglichkeiten, Betriebsklima), Methoden der Qualitätssicherung oder aufgabenbezogene Kompetenzen und Leistungsvorrausetzungen (Schaper, 2019).

2.4 Ziele der Arbeitsanalyse

So verschieden die Untersuchungsgegenstände sind, so vielfältig sind die Ziele der Arbeitsanalyse. Es geht beispielsweise darum, den Arbeits- und Gesundheitsschutz zu wahren. Nach dem Arbeitsschutzgesetz (ArbSchG) sind in Deutschland die Unternehmen sogar dazu verpflichtet, regelmäßige Gefährdungsbeurteilungen durchzuführen, wobei das Spektrum an möglichen Gesundheitsbeeinträchtigungen groß ist. Dauernde Lärm- oder Schmutzbelastungen, schlechte Sitzhaltung oder Körperhaltungen können körperliche und psychische

Gesundheit, Kompetenzen, Tätigkeitsvergleiche

Schäden hervorrufen, monotone Tätigkeiten und Tätigkeiten mit wenig Handlungsspielräumen können sich negativ auf die Gesundheit und Leistung, Arbeitszufriedenheit oder auf die Selbstverwirklichung auswirken. Schichtbetrieb kann zu Schlafproblemen und sozialen Problemen führen. Neben dem Gesundheits- und Arbeitsschutz geht es aber auch um die Frage, wie Arbeitskräfte entsprechend eingesetzt werden können bzw. geschult und entwickelt werden, mit anderen Worten, welches Kompetenzprofil für verschiedene Tätigkeiten erforderlich ist. Ein weiteres Ziel von Arbeitsanalysen besteht darin, Tätigkeiten vergleichen zu können, z. B. im Sinne einer Vorher-Nachher-Evaluation oder bei der Entwicklung entsprechender Entlohnungssysteme (wenn man die Entlohnung etwa am messbaren Aufwand orientieren möchte). Auch kann es bei der Analyse um eine Technikfolgenabschätzung gehen, z. B., wenn neue Produktionsverfahren erprobt werden sollen.

2.5 Dimensionen der Arbeitsanalyse

Objektive und subjektive Analysen

Die Arbeitsanalyse kann sowohl objektive Auftrags- und Bedingungsanalysen als auch subjektive (psychologische) Tätigkeitsanalysen umfassen (Matern, 1984). Erstere umfassen die objektiven und von den einzelnen Mitarbeitern und Mitarbeiterinnen unabhängigen Arbeitsaufträge und Arbeitsbedingungen, Letzteres fokussiert dagegen auf die individuellen Arbeitsweisen und entsprechenden psychischen Regulationsprozesse und die damit einhergehenden Probleme.

Ulich (2011) schlägt folgende drei Dimensionen der Arbeitsanalyse vor:

1. **Analyse der Arbeitsaufträge und deren Erfüllungsbedingungen**: Hierbei geht es u. a. darum, die (Produktions-)Prozesse und die einzelnen Arbeitsprozesse und die Einwirkungsmöglichkeiten bzw. Freiheitsgrade der Beschäftigten zu identifizieren, ggf. Prozesse der Arbeitsteilung zu untersuchen und beispielsweise die Auftrittshäufigkeit bestimmter Arbeitsaufträge zu kennen.
2. **Analyse der Arbeitstätigkeiten und der erforderlichen Regulationsvorgänge**: Hier geht es um die Analyse der konkreten (individuellen) Tätigkeitsabläufe der Beschäftigten. Die einzelnen Teilschritte zur Aufgabenerledigung werden untersucht und beispielsweise die dafür vorhandene bzw. benötigte Zeit.

Arbeitsauftrag, Arbeitstätigkeit, psychologische Wirkung

3. **Analyse der Auswirkungen von Produktionsbedingungen und Arbeitstätigkeiten auf Befinden und Erleben der Beschäftigten**: Auf dieser Ebene steht die subjektive, psychologische Wirkung der vorangehenden Punkte im Fokus

sowie Fragen nach Arbeitsbelastungen, Stress, Zufriedenheit, Motivation und Erfüllung.

2.6 Methoden der Arbeitsanalyse

Im Rahmen der Arbeitsanalyse werden vielfältige Methoden zur Datenerhebung eingesetzt. Diese reichen von der Befragung über Gruppendiskussionen und Beobachtungsmethoden bis hin zu physiologischen und physikalischen Messmethoden mit all ihren Vor- und Nachteilen. Es versteht sich von selbst, dass es angesichts der Vielfalt an Tätigkeiten und deren Randbedingungen weder eine einheitliche Vorgehensweise gibt noch ein einheitlicher Methodensatz zur Arbeitsanalyse zur Verfügung steht, sondern dies eher von Fall zu Fall zu entscheiden ist. Dennoch gibt es mittlerweile zahlreiche etablierte und standardisierte Instrumente (einen Überblick bieten z. B. Schaper, 2019; Bamberg et al., 2012; Ulich, 2011), die als ein Bestandteil von Arbeitsanalysen zum Einsatz kommen, je nachdem, was Ziel der Arbeitsanalyse sein soll. Geht es um die Analyse der technischen und sozialen Randbedingungen oder möchte man eher die objektiven Arbeitsanforderungen bzw. subjektiven Arbeitserlebnisse ermitteln? Oder geht es eher darum, belastende Arbeitssituationen zu identifizieren? Schauen wir uns zur Illustration einige ausgewählte Verfahren etwas näher an.

2.6.1 Soziotechnische Systemanalyse

Arbeitstätigkeiten finden in Arbeitssystemen statt, die aus einem *technischen* und einem *sozialen* Teilsystem bestehen. Das technische System umfasst die Betriebsmittel und allgemein die materiellen Randbedingungen der Tätigkeit, das soziale Teilsystem dagegen die Beschäftigten und deren Interaktionen. Die Wechselwirkung zwischen diesen beiden Teilsystemen steht im Mittelpunkt der soziotechnischen Systemanalyse (z. B. Emery & Trist, 1960; Hill, 1971; vgl. auch Ulich, 2011), die zunächst im Kontext des Steinkohlebergbaus entwickelt, später dann aber auf andere Organisationen übertragen wurde (Schüpbach, 2008). Ziel der Analyse ist es, Faktoren zu identifizieren, die eine gemeinsame Optimierung beider Teilsysteme ermöglichen.

Technisches und soziales Teilsystem

Eine moderne Version einer soziotechnischen Systemanalyse ist die sehr umfangreiche MTO (Mensch, Technik, Organisation) – Analyse (Strohm & Ulich, 1999; Ulich, 2011, 2013). Als ganzheitlicher Ansatz werden dabei Analysen auf

MTO(Mensch, Technik, Organisation)-Analyse

verschiedenen Ebenen (Unternehmen, Organisationseinheit, Gruppe und Individuum) durchgeführt. Auf der Ebene des Unternehmens werden Ziele, Strategie, Organisation, Marktposition, Lohn- und Arbeitszeitmodelle analysiert. In Bezug auf die Organisationseinheit werden dagegen die Funktionsbereiche bzw. Arbeitsteilungen betrachtet. Auf der Gruppenebene wiederum stehen Gruppenprozesse (Regulation von Arbeitsabläufen, Koordination) und auf individueller Ebene subjektive Bewertungen und Wahrnehmungen im Fokus. Folgende Schritte und Methoden werden zur Ausführung einer MTO-Analyse genannt (◘ Tab. 2.1):

◘ Tab. 2.1 Schritte einer MTO-Analyse (aus Strohm & Ulich, 1999)

Schritt	Gegenstand	Methoden
1. Analyse auf der Ebene des Unternehmens	Analyse von Unternehmenszielen, Unternehmensstrategien, Unternehmensorganisation, Produkten und Produktionsbedingungen, Personalstruktur, Technikeinsatz, Qualitätsmanagement, Innovationsverhalten, Lohnsystem, Arbeitszeitmodellen, Mitwirkungsrechten etc.	Dokumentenanalysen, Experteninterviews, Interviews mit der Geschäftsleitung
2. Analyse von Auftragsdurchläufen (Prozessanalyse)	Analyse des Auftragsdurchlaufes von 2–5 typischen und abgeschlossenen Aufträgen	Dokumentenanalysen, ablauforientierte Betriebsbegehungen, Experteninterviews, Gruppeninterviews
3. Analyse von Arbeitssystemen	Analyse von Inputs, Transformationsprozessen, Outputs, sozialem und technischem Teilsystem, technisch-organisatorischer Gestaltung, Schwankungen und Störungen, Hauptproblemen etc.	Dokumentenanalysen, Experteninterviews, Gruppeninterviews
4. Analyse von Arbeitsgruppen	Analyse von Möglichkeiten zur kollektiven Regulation von Arbeitsaufgaben und Arbeitszeit, Umgebungsbedingungen, Qualifizierung, Leistung, Qualität, interner und externer Koordination etc.	Dokumentenanalysen, Gruppeninterviews, Beobachtungsinterviews
5. Bedingungsbezogene Analyse von Schlüsseltätigkeiten	Analyse von Arbeitseinheiten, Tätigkeitsabläufen, Kommunikations- und Kooperationserfordernissen, Mensch-Maschine-Funktionsteilung und -Interaktion, Regulationshindernissen etc.	Ganzschichtbeobachtungen, Beobachtungsinterviews, Experteninterviews
6. Personenbezogene Arbeitsanalysen	Analyse von Erwartungen der Beschäftigten an ihre Arbeit sowie Wahrnehmung der Arbeitssituation durch die Beschäftigten	Schriftliche Erhebung mit Skalierungsverfahren
7. Analyse der soziotechnischen Geschichte	Analyse von Strategien, Vorgehen und Meilensteinen bei der technisch-organisatorischen Entwicklung des Betriebes	Dokumentenanalysen, Experteninterviews

2.6 · Methoden der Arbeitsanalyse

Auf der ersten Analyseebene geht es darum, das Unternehmen als Ganzes zu verstehen. Im zweiten Schritt geht es um die Bewertung von Auftragsdurchläufen, etwa im Hinblick auf die Aufgabenvollständigkeit (▶ Abschn. 3.3) oder Selbstregulation. Ein Arbeitssystem ist durch seinen inneren Aufgabenzusammenhang gekennzeichnet. Dies wird im dritten Schritt genauer untersucht. Die darauffolgende Gruppenanalyse untersucht beispielsweise, inwieweit Arbeitsgruppen auf die Arbeitsorganisation (Zeitablauf, Arbeitsverteilung) Einfluss nehmen können. Für die Analyse der Schlüsseltätigkeiten werden Personen und Bedingungen ausgewählt, die die Arbeitstätigkeit bestmöglich repräsentieren. Es schließen sich die personenbezogenen Analysen an, in der es v. a. um die subjektiven Wahrnehmungen der Beschäftigten geht, die von den objektiven Gegebenheiten abweichen können. Die Klärung unterschiedlicher Sichtweisen der Beteiligten ist insbesondere für mögliche Veränderungsprozesse von großer Bedeutung. Schließlich geht es im letzten Schritt darum, die Geschichte des Unternehmens und der beteiligten Personen, mitsamt ihren Erfahrungen an vorangegangene Veränderungsprozesse kennenzulernen, um zum einen auf das vorhandene Know-how zurückgreifen zu können und historisch bedingte Barrieren und Hindernisse (z. B. schlechte Erfahrungen) rechtzeitig zu erkennen (ein konkretes Beispiel für eine MTO-Analyse findet sich bei Strohm & Ulich, 2011).

2.6.2 VERA – Verfahren zur Ermittlung von Regulationserfordernissen in der Arbeitstätigkeit

Bei dem VERA (Volpert et al., 1983; Oesterreich, 1999) sollen die mit einer Aufgabe verbundenen objektiven Anforderungen an das Denken, Planen und Entscheiden erfasst werden, nicht aber die individuellen Merkmale, die eine Person mitbringen muss, um die Tätigkeit auszuführen. Es wird weiter davon ausgegangen, dass das Ausmaß der Arbeitsanforderungen die Höhe der psychischen Regulation definiert und dass eine Erhöhung der Arbeitsanforderungen höhere Arbeitsmotivation und mehr Eigenständigkeit begünstigen.

Im VERA werden insgesamt zehn Stufen von Regulationserfordernissen beschrieben, die auf dem Handlungsregulationsmodell von Oesterreich (1981) beruhen, das wiederum von fünf Ebenen ausgeht. Diese reichen von der Planung einer völlig neuen Produktion

Objektive Aufgabenanforderungen

(Ebene 5) bis zur Ausführung einer konkreten Arbeitshandlung (Ebene 1). Innerhalb jeder Ebene wird zudem noch unterschieden, ob die charakteristischen Merkmale der betreffenden Ebene vollständig durch die Person zu bearbeiten sind oder ob es reicht, dass die Person die Anforderungen versteht (Restriktion R; ◘ Tab. 2.2). Das VERA gibt es in zwei Ausführungen, eine zur Analyse von Produktionstätigkeiten, eine zur Analyse von Bürotätigkeiten (Oesterreich et al., 2000).

◘ **Tab. 2.2** Das Zehn-Stufen-Modell der Regulationserfordernisse für den Produktionsbereich (aus Oesterreich et al., 2000)

Ebene 5: Einrichtung neuer Arbeitsprozesse	
Stufe 5	Neu einzuführende, ineinandergreifende Arbeitsprozesse, ihre Koordination und materiellen Bedingungen müssen geplant werden.
Stufe 5 R	Wie Stufe 5. Die neuen Arbeitsprozesse sind Ergänzungen zu bestehenden Arbeitsprozessen, welche möglichst wenig verändert werden sollen.
Ebene 4: Koordination von Bereichen	
Stufe 4	Mehrere Teilzielplanungen (im Sinne der Stufe 3) von sich gegenseitig bedingenden Teilen des Arbeitsprozesses sind miteinander zu koordinieren.
Stufe 4 R	Zwar ist nur eine Teilzielplanung erforderlich, hierbei sind jedoch Bedingungen für andere (nicht selbst zu leistende) Teilzielplanungen zu beachten.
Ebene 3: Teilzielplanung	
Stufe 3	Es kann vorab nur eine grob bestimmte Abfolge von Teiltätigkeiten geplant werden. Jede Tätigkeit erfordert eine eigene Planung (im Sinne der Stufe 2). Nach Abschluss einer Teiltätigkeit muss erneut das weitere Vorgehen durchdacht werden.
Stufe 3 R	Vorab liegt eine Abfolge von Teiltätigkeiten fest. Jede Teiltätigkeit erfordert eine eigene Planung.
Ebene 2: Handlungsplanung	
Stufe 2	Die Abfolge der Arbeitsschritte muss vorab geplant werden, die Planung reicht jedoch bis hin zum Arbeitsergebnis.
Stufe 2 R	Die Abfolge der Arbeitsschritte ist festgelegt. Sie ist jedoch immer wieder so unterschiedlich, dass sie vorab gedanklich vergegenwärtigt werden muss.
Ebene 1: Sensomotorische Regulation	
Stufe 1	Für den Entwurf der zu regulierenden Abfolge von Arbeitsbewegungen bedarf es keiner bewussten Planung, obwohl mitunter ein anderes Werkzeug verwendet werden muss.
Stufe 1 R	Für den Entwurf der zu regulierenden Abfolge von Arbeitsbewegungen bedarf es keiner bewussten Planung. Es werden stets die gleichen Werkzeuge verwendet.

Der Zusatz R steht für Restriktion und meint, dass hier die Merkmale der jeweiligen Ebene nicht vollständig zutreffen.

2.6 · Methoden der Arbeitsanalyse

Die konkrete Vorgehensweise besteht aus drei Schritten. Schritt eins erfordert vom Nutzer des VERA eine allgemeine Orientierung. Anhand von Beobachtungsinterviews gilt es, sich über das Arbeitsplatzumfeld, den Arbeitsplatz selbst und die Arbeitsorganisation einen Überblick zu verschaffen, einzelne Arbeitsschritte zu analysieren und die für diese Arbeit nötige Zeit zu erfassen. Anschließend müssen für jede der identifizierten Teilaufgaben 20 Fragen beantwortet werden (z. B. zur Art der Arbeitsaufgabe, zur Dauer des Arbeitsauftrages, zur Eigenständigkeit bei der Auftragsfindung, zu alternativen Vorgehensweisen, zu Prüfung der Arbeitsergebnisse oder zur Störanfälligkeit der Arbeitsaufgabe). Im letzten Teil werden schließlich die Regulationserfordernisse nach den in ◘ Tab. 2.2 aufgeführten Planungs- bzw. Regulationserfordernissen bewertet (eine ausführliche Beschreibung der Vorgehensweise inklusive Beispiel findet sich bei Oesterreich & Volpert, 1991 bzw. Oesterreich et al., 2000).

Das VERA wird häufig zusammen mit dem „Verfahren zur Ermittlung von Regulationshindernissen in der Arbeitstätigkeit" (RHIA) eingesetzt (Oesterreich et al., 2000). Die Autoren betonen, dass die beiden Verfahren nur für Arbeitstätigkeiten in industriellen Produktionsbereichen geeignet sind, nicht aber z. B. für Tätigkeiten der Personalführung oder im Management (Oesterreich et al., 2000).

Vorgehen in drei Schritten

2.6.3 Job-Diagnostic Survey (JDS)

Das JDS (Hackman & Oldham, 1975, 1976; deutsche Fassung von Schmidt & Kleinbeck, 1999; Schmidt et al., 1985) gilt als eines der bekanntesten Verfahren zur Erfassung des subjektiven Erlebens in Arbeitssituationen. Es basiert auf dem *Job Characteristics Model* (Hackman & Lawler, 1971), das Faktoren untersucht, die für die intrinsische Motivation von Mitarbeitern und Mitarbeiterinnen förderlich sind. Intrinsische Motivation meint Motivation, die aus der Arbeitstätigkeit selbst und ohne äußere Belohnung entsteht, die besonders wirkungsvoll ist und die mit Arbeitszufriedenheit, Leistung und geringer Wechselbereitschaft einhergeht. Nach Hackman und Lawler (1971) gibt es drei Voraussetzungen für intrinsische Motivation:
1. Die Beschäftigten müssen sich persönlich verantwortlich für die Tätigkeit erleben (**Verantwortlichkeit**).

Bedingungen intrinsischer Motivation

2. Sie müssen die Tätigkeit und die Arbeitsergebnisse als bedeutungsvoll und sinnhaft erleben (**Bedeutsamkeit der Arbeit**).
3. Sie müssen Rückmeldung über ihre Leistungseffizienz erhalten (**Wissen um die Ergebnisse**).

Im JDS werden weitere, insgesamt fünf Aufgaben und Tätigkeitsmerkmale erfasst, nämlich:

Anforderungsvielfalt: Je vielseitiger eine Aufgabe ist, umso mehr werden die gesamten Fertig- und Fähigkeiten der Beschäftigten gefordert.

Ganzheitlichkeit: Die Bearbeitung einer Aufgabe von Anfang bis Ende ist vorzuziehen, da diese den Beschäftigten Sinn vermittelt und ihnen ihren Stellenwert verdeutlicht.

Bedeutsamkeit: Wenn der größere Sinn der Tätigkeit erkannt wird, z. B. für Kunden, Kollegen und Kolleginnen, dann wird die eigene Arbeit auch als bedeutungsvoll angesehen.

Autonomie: Je mehr die Beschäftigten selbst über Arbeitsmitteleinsatz, Teilziele und Arbeitsweisen entscheiden können, umso mehr Einfluss erleben sie und umso verantwortlicher fühlen sie sich.

Rückmeldung: eine zeitnahe Rückmeldung zur Aufgabenbearbeitung gibt Auskunft über den Stand der Zielerreichung (wichtig für Selbstwirksamkeit) und ermöglicht eventuelle Korrekturen.

Als Kriteriumsvariablen werden die Arbeitszufriedenheit, Arbeitsmotivation und Zufriedenheit mit Entfaltungsmöglichkeiten erhoben. Außerdem erhält der Fragebogen noch Fragen zum persönlichen Entfaltungsbedürfnis, zur Zufriedenheit mit dem Vorgesetztenverhalten, der Arbeitsplatzsicherheit, dem sozialen Klima und der Bezahlung, die allesamt als Moderatorvariablen angesehen werden.

Zur Erfassung dieser Dimensionen liegt ein standardisierter Fragebogen mit 83 Items vor, der von den Beschäftigten ausgefüllt wird (deutsche Fassung von Schmidt & Kleinbeck, 1999; Schmidt et al., 1985).

2.6 · Methoden der Arbeitsanalyse

 Die Critical Incident Technique

2.6.4 Work Design Questionnaire (WDQ)

Der Work Design Questionnaire (WDQ) von Morgeson und Humphrey (2006, deutsche Fassung von Stegmann et al., 2010) basiert ebenfalls auf dem *Job Characteristics Model*. Auch er wird von dem Stelleninhaber bzw. Stelleninhaberin ausgefüllt, fokussiert aber anders als der JDS nicht auf individuelle, innere Faktoren, sondern auf die (subjektiv erlebte) Gestaltung von Arbeitsplätzen. Ziel ist die „summarische Bewertung eines gesamten Arbeitsplatzes und nicht eine gesonderte Analyse einzelner Arbeitsaufgaben" (Stegmann et al., 2010, S. 1). Morgeson und Humphrey (2006) entwickelten den WDQ anhand von umfangreichen Recherchen (Berufsdatenbanken, PsycInfo etc.) zu relevanten Arbeitsplatzmerkmalen. Es wird zwischen motivationalen (**M**), sozialen (**S**) und kontextuellen (**K**) Merkmalsbereichen unterschieden, die in 21 Skalen mit insgesamt 77 Fragen abgefragt werden. Die Skalen umfassen folgende Themen:

1. Kann der Zeitpunkt und die Reihenfolge der Tätigkeit selbst geplant werden? (Planung, M)
2. Können Entscheidungen selbst getroffen und selbst gewählt werden? (Entscheidungen, M)
3. Können die Arbeitsmethoden selbst gewählt werden? (Arbeitsmethoden, M)
4. Wie groß ist die Arbeitsvielfalt? (Aufgabenvielfalt, M)
5. Wie wichtig ist die Arbeit für Menschen innerhalb oder außerhalb der Organisation? (Wichtigkeit, M)
6. Führt die Arbeit zu einem abgeschlossenen Produkt oder zu einem Teilprodukt? (Ganzheitlichkeit, M)

Subjektive Perspektive auf die Arbeitsplatzgestaltung

7. Erhält der Beschäftigte unmittelbar Rückmeldung zu seiner Tätigkeit? (Rückmeldung, M)
8. Wie komplex und schwierig sind die anfallenden Tätigkeiten? (Komplexität, M)
9. Wie hoch sind die kognitiven Anforderungen? (Informationsverarbeitung, M)
10. Wie sehr erfordert die Aufgabenerledigung neue und einzigartige Ideen? (Problemlösen, M)
11. Wie vielfältig sind die Aufgabenanforderungen (Anforderungsvielfalt, M)
12. Wie tiefgehend ist das benötigte Wissen bzw. sind die benötigten Fähigkeiten? (Spezialisierung, M)
13. Gibt es die Möglichkeit, am Arbeitsplatz Rat und Hilfe zu erhalten? (Soziale Unterstützung, S)
14. Wird das Arbeitsergebnis an andere weitergegeben? (Initiierte Interdependenz, S)
15. Inwieweit hängt die Arbeit von den Arbeitsergebnissen anderer ab? (Rezipierte Interdependenz, S)
16. Verlangt die Tätigkeit Interaktion bzw. Kommunikation mit Personen außerhalb der Organisation? (Interaktion außerhalb der Organisation, S)
17. Erhalten andere Personen in der Organisation Informationen über die Tätigkeit und geben sie dazu Feedback? (Rückmeldung durch andere, S)
18. Ermöglicht die Arbeitsstelle eine korrekte und angepasste Haltung und Bewegung? (Ergonomie, K)
19. Wie hoch ist das Ausmaß an körperlicher Aktivität und Anstrengung? (Physische Anforderungen, K)
20. Wie sind die (gesundheitsbeeinträchtigenden) Arbeitsbedingungen wie z. B Lärm, Hitze? (Gegebenheiten am Arbeitsplatz, K)
21. Wie vielfältig und komplex sind die eingesetzten Technologien? (Technikgebrauch, K)

2.6.5 Instrument zur stressbezogenen Arbeitsanalyse (ISTA)

Der ISTA (Semmer et al., 1999; Irmer et al., 2019a) ist ein handlungstheoretisch fundiertes Instrument zur Erfassung stressrelevanter Arbeitsmerkmale und Belastungen. Mit dem Instrument sollen für die Gesundheit förderliche bzw. hinderliche Faktoren identifiziert werden. Das Instrument liegt in zwei beinahe identischen Versionen vor, in einer Beobachterversion (wird von geschulten Experten durchgeführt) und einer Fragebogenversion. In der aktuellen Version werden

Ressourcen (**R**) und Stressoren (**S**) über folgende Dimensionen mit einer fünfstufigen Antwortskala abgefragt (Irmer et al., 2019a, b):

1. Komplexität (R, Beispielfrage: „Wie oft erhalten Sie Aufträge, die besonders schwierig sind?")
2. Handlungsspielraum (R, „Wenn Sie Ihre Tätigkeit insgesamt betrachten, inwieweit können Sie die Reihenfolge der Arbeitsschritte selbst festlegen?")
3. Partizipation (R, „Im Folgenden wollen wir wissen, wieviel Einfluss Sie auf Ihre Arbeitssituation haben. … bei der Planung der Arbeitszeit (Schichten und Überstunden)")
4. Variabilität (R, „A hat Arbeitsaufgaben, die sich häufig wiederholen. B hat viele verschiedene Arbeitsaufgaben. Welcher der beiden Arbeitsplätze ist Ihrem Arbeitsplatz am ähnlichsten?")
5. Zeitspielraum (R, „Wie lange können Sie während der Arbeitszeit Ihren Arbeitsplatz verlassen?")
6. Unsicherheit (S, „Wie oft erhalten Sie unklare Anweisungen?")
7. Unfallgefährdung (S, „Wenn man hier bei der Arbeit nicht sehr vorsichtig ist, kann leicht ein Unfall passieren.")
8. Arbeitsorganisatorische Probleme (S, „A kann die Arbeitsaufträge gut erledigen, wenn er/sie sich an die vom Betrieb vorgesehenen Wege hält. B kann die Arbeitsaufträge nur bewältigen, wenn er/sie von den vom Betrieb vorgesehenen Wegen abweicht. Welcher der beiden Arbeitsplätze ist Ihrem am ähnlichsten?")
9. Einseitige Belastung (S, „Inwieweit ist Ihre Arbeit körperlich abwechslungsreich?")
10. Umgebungsbelastungen (S, „Wie ausgeprägt sind an Ihrem Arbeitsplatz die folgenden Umgebungsfaktoren?" Lärm, Blendung, Schmutz, Zugluft, etc.)
11. Arbeitsunterbrechungen (S, „Wie häufig werden Sie durchschnittlich bei Ihrer Arbeit von Ihrem/Ihrer Vorgesetzten unterbrochen (z. B. wegen einer Auskunft)?")
12. Konzentrationsanforderungen (S, „Wie häufig kommt es vor, dass Sie sich bei der Arbeit so konzentrieren müssen, dass Störungen zu zusätzlichem Aufwand führen (Sie müssen z. B. Zahlen oder Namen noch mal nachschlagen, Werkzeuge noch einmal neu ansetzen oder Berechnungen von vorn machen)?")
13. Zeitdruck (S, „Wie häufig stehen Sie unter Zeitdruck?")
14. Kooperationserfordernisse (S, „Wie stark sind Ihre Kollegen/innen von Ihrem Arbeitstempo abhängig?")

2.6.6 Kurzfragebogen zur Arbeitsanalyse

Aufgrund seiner Praktikabilität und Kürze ist auch der Kurzfragebogen zur Arbeitsanalyse von Prümper, Hartmannsgruber und Frese (1995) ein häufig eingesetztes Verfahren. Er enthält ausgewählte Fragen aus dem ISTA (Semmer et al., 1999), dem Fragebogen zur Erfassung der Stressbedingungen am Arbeitsplatz von Frese (1991), dem Fragebogen zur sozialen Unterstützung von Frese (1989), dem JDS (Hackman und Oldham, 1975, 1976), dem Verfahren zur subjektiven Arbeitsanalyse (Udris & Alioth, 1980) und dem Erhebungsbogen zur Erfassung des Betriebsklimas (von Rosenstiel et al., 1982). Er umfasst insgesamt elf Faktoren, nämlich Handlungsspielraum, Vielseitigkeit, Ganzheitlichkeit, soziale Rückendeckung, Zusammenarbeit, qualitative Arbeitsbelastung, quantitative Arbeitsbelastung, Arbeitsunterbrechungen, Umgebungsbelastungen, Information und Mitsprache sowie betriebliche Leistungen, die mit nur 26 Fragen erfasst werden.

Kurzfragebogen zur Arbeitsanalyse – Selbsttest und Reflexion

Wenn Sie Schwachstellen aufdecken und Optimierungspotenziale ihrer Tätigkeit erkennen möchten, dann beantworten Sie bitte folgende Fragen (◘ Tab. 2.3):

Zur Auswertung bilden Sie einfach bereichsspezifische Summenscores, wobei der linke Skalenrand mit 1, der echte Skalenrand mit 5, die dazwischenliegenden Werte entsprechend codiert werden. Da es keine Normwerte zu den Skalen gibt, kann man sich zur Einordnung an den angegebenen Mittelwerten orientieren. Sinnvoll ist auch ein Tätigkeitsvergleich, bei dem verschiedenen Profile gegenübergestellt werden können.

Es lohnt sich darüber hinaus, die so gewonnenen Daten mit qualitativen Beschreibungen zu ergänzen bzw. Anmerkungen zu machen. Gleichzeitig kann ein Reflektieren über diese Fragen auch die Schwierigkeiten zeigen, mit denen die Erfassung der Arbeitstätigkeit allgemein konfrontiert ist.

2.6 · Methoden der Arbeitsanalyse

◘ Tab. 2.3 Kurzfragebogen zur Arbeitsanalyse von Prümper et al. (1995, S. 132)

Wenn Sie ihre Tätigkeit insgesamt betrachten, inwieweit können Sie die Reihenfolge der Arbeitsschritte selbst bestimmen? (HS)	sehr wenig o o o o sehr viel
Wieviel Einfluss haben Sie darauf, welche Arbeit Ihnen zugeteilt wird? (HS)	sehr wenig o o o o o sehr viel
Können Sie Ihre Arbeit selbstständig planen und einteilen? (HS)	sehr wenig o o o o o sehr viel
Können Sie bei Ihrer Arbeit Neues dazulernen? (VS)	sehr wenig o o o o o sehr viel
Können Sie bei Ihrer Arbeit Ihr Wissen und Können voll einsetzen? (VS)	sehr wenig o o o o o sehr viel
Bei meiner Arbeit habe ich insgesamt gesehen häufig wechselnde, unterschiedliche Arbeitsaufgaben. (VS)	trifft gar nicht zu o o o o o trifft völlig zu
Bei meiner Arbeit sehe ich selber am Ergebnis, ob meine Arbeit gut war oder nicht. (GH)	trifft gar nicht zu o o o o o trifft völlig zu
Meine Arbeit ist so gestaltet, dass ich die Möglichkeit habe, ein vollständiges Arbeitsprodukt von Anfang bis Ende herzustellen. (GH)	trifft gar nicht zu o o o o o trifft völlig zu
Ich kann mich auf meine Kollegen verlassen, wenn es bei der Arbeit schwierig wird. (SR)	trifft gar nicht zu o o o o o trifft völlig zu
Ich kann mich auf meinen direkten Vorgesetzten verlassen, wenn es bei der Arbeit schwierig wird. (SR)	trifft gar nicht zu o o o o o trifft völlig zu
Man hält in der Abteilung gut zusammen. (SR)	trifft gar nicht zu o o o o o trifft völlig zu
Diese Arbeit erfordert enge Zusammenarbeit mit anderen Leuten im Betrieb. (ZA)	trifft gar nicht zu o o o o o trifft völlig zu
Ich kann mich während der Arbeit mit verschiedenen Kollegen über dienstliche und private Dinge unterhalten. (ZA)	trifft gar nicht zu o o o o o trifft völlig zu
Ich bekomme von Vorgesetzten und Kollegen immer Rückmeldung über die Qualität meiner Arbeit. (ZA)	trifft gar nicht zu o o o o o trifft völlig zu
Bei dieser Arbeit gibt es Sachen, die zu kompliziert sind. (QUA)	trifft gar nicht zu o o o o o trifft völlig zu
Es werden zu hohe Anforderungen an meine Konzentrationsfähigkeit gestellt. (QUA)	trifft gar nicht zu o o o o o trifft völlig zu
Ich stehe häufig unter Zeitdruck. (QA)	trifft gar nicht zu o o o o o trifft völlig zu
Ich habe zu viel Arbeit. (QA)	trifft gar nicht zu o o o o o trifft völlig zu
Oft stehen mir die benötigten Informationen, Materialien und Arbeitsmittel (z. B. Computer) nicht zur Verfügung. (AU)	trifft gar nicht zu o o o o o trifft völlig zu
Ich werde bei meiner eigentlichen Arbeit immer wieder unterbrochen (z. B. durch das Telefon). (AU)	trifft gar nicht zu o o o o o trifft völlig zu

(Fortsetzung)

◘ **Tab. 2.3** (Fortsetzung)

An meinem Arbeitsplatz gibt es ungünstige Umgebungsbedingungen wie Lärm, Klima, Staub. (UB)	trifft gar nicht zu o o o o o trifft völlig zu
An meinem Arbeitsplatz sind Räume und Raumausstattung ungenügend. (UB)	trifft gar nicht zu o o o o o trifft völlig zu
Über wichtige Dinge und Vorgänge in unserem Betrieb sind wir ausreichend informiert. (IM)	trifft gar nicht zu o o o o o trifft völlig zu
Die Leitung des Betriebs ist bereit, die Ideen und Vorschläge der Arbeitnehmer zu berücksichtigen. (IM)	trifft gar nicht zu o o o o o trifft völlig zu
Unsere Firma bietet gute Weiterbildungsmöglichkeiten. (BL)	trifft gar nicht zu o o o o o trifft völlig zu
Bei uns gibt es gute Aufstiegschancen. (BL)	trifft gar nicht zu o o o o o trifft völlig zu

HS = Handlungsspielraum (M = 3,84, SD = 0,82), VS = Vielseitigkeit (M = 3,99, SD = 0,74), GH = Ganzheitlichkeit (M = 4,04, SD = 0,86), SR = Soziale Rückendeckung (M = 4,08, SD = 0,80), ZA = Zusammenarbeit (M = 3,32, SD = 0,97), QUA = Qualitative Arbeitsbelastung (M = 2,00, SD = 0,83), QA = Quantitative Arbeitsbelastung (M = 3,55, SD = 0,87), AU = Arbeitsunterbrechung (M = 2,68, SD = 0,82), UB = Umgebungsbelastungen (M = 2,24, SD = 0,98), IM = Information und Mitsprache (M = 2,96, SD = 0,96), BL = Betriebliche Leistungen (M = 2,41, SD = 0,98). In Klammern jeweils die Mittelwerte und Standardabweichungen der Skalen, die Prümper et al. (1995, S. 129) angeben

2.6.7 Zur Bewertung und Einordnung der Verfahren

Die meisten der hier vorgestellten Verfahren zur Arbeitsanalyse sind sehr komplex und aufwendig. Keines der Verfahren kann für sich Allgemeingültigkeit beanspruchen. Vielmehr hängt es von den konkreten Gegebenheiten und den Zielen der Analyse ab, ob man sich solch standardisierter Verfahren bedient oder andere, auch eigene Verfahren zur Arbeitsanalyse einsetzen möchte. Die Heterogenität der Verfahren lässt sich auch aus den unterschiedlichen Arbeitstätigkeiten und Zielsetzungen erklären, vor deren Hintergrund die Verfahren entwickelt wurden. Wie soll man auch durch ein einzelnes Verfahren mit festen Kriterien so unterschiedliche Tätigkeiten erfassen und analysieren wollen, wie z. B. die Tätigkeit eines Bergmanns oder die eines Werbetexters? Es versteht sich von selbst, dass man je nach Einzelfall, Zielsetzung, Durchführbarkeit, Engagement, Dauer, Budget und anderen Einflussgrößen überlegen muss, welche Form der Analyse optimal ist. Der eklektizistischen Verwendung der hier vorgestellten Verfahren steht dabei nichts im Wege.

2.6 · Methoden der Arbeitsanalyse

? Prüfungsfragen
1. Wie kann man Arbeit definieren?
2. Was meinte Kurt Lewin, als er von den „zwei Gesichtern" der Arbeit sprach?
3. Beschreiben Sie einige Kennzahlen zum Arbeitsmarkt und gehen Sie dabei auf Geschlechterunterschiede ein.
4. Um was geht es eigentlich bei einer Arbeitsanalyse? Geben Sie dazu ein Beispiel aus dem Anwendungskontext.
5. Welche Ziele kann eine Arbeitsanalyse verfolgen?
6. Welche inhaltlichen Dimensionen können in einer Arbeitsanalyse erfasst werden?
7. Beschreiben Sie beispielhaft ein Verfahren zur Arbeitsanalyse.
8. Was versteht man unter einer soziotechnischen Systemanalyse?
9. Was wird in der MTO(Mensch, Technik, Organisation)-Analyse untersucht?
10. Welches Ziel verfolgt das Verfahren zur Ermittlung von Regulationserfordernissen in der Arbeitstätigkeit (VERA)?
11. Welche Annahmen mach das *Job Characteristics Model* zur intrinsischen Motivation?
12. Was will man mit dem *Job-Diagnostic Survey* (JDS) erfassen?
13. Erläutern Sie, welche Inhalte mit dem Instrument zur stressbezogenen Arbeitsanalyse (ISTA) abgefragt werden.

Zusammenfassung
- Arbeit kann als zielgerichtete menschliche Tätigkeit zum Zwecke der Transformation und Aneignung der Umwelt verstanden werden.
- Es gibt Geschlechterunterschiede bei der Erwerbstätigenquote.
- Arbeit hat „zwei Gesichter", sie ist Mühe und gibt Sinn.
- Die Arbeitsanalyse ist eine empirische Tätigkeit, die die Arbeit an und für sich und deren Wechselwirkungen mit den Arbeitstätigen untersucht.
- Ziele von Arbeitsanalysen sind der Arbeits- und Gesundheitsschutz, der optimale Einsatz von Arbeitskraft und der Tätigkeitsvergleich.
- Die Arbeitsanalyse kann objektive Auftrags- und Bedingungsanalysen und subjektive (psychologische) Tätigkeitsanalysen umfassen.

- Die soziotechnische Systemanalyse geht davon aus, dass Arbeitstätigkeiten in einem technischen und einem sozialen Teilsystem stattfinden.
- Das technische System umfasst die Betriebsmittel und die materiellen Randbedingungen der Tätigkeit, das soziale Teilsystem meint die Beschäftigten und deren Interaktionen.
- Die MTO(Mensch, Technik, Organisation)-Analyse ist ein ganzheitliches Verfahren, mit dem ausgehend von der Unternehmensstrategie bis hin zu Arbeitsprozessen und -faktoren aufseiten der Beschäftigten eine umfassende Tätigkeitsbeschreibung und -einordnung möglich ist.
- Mit dem Verfahren zur Ermittlung von Regulationserfordernissen in der Arbeitstätigkeit (VERA) sollen Arbeitsanforderungen und Regulationserfordernisse unabhängig von der ausführenden Person erfasst werden.
- Der *Job-Diagnostic Survey* (JDS) basiert auf dem *Job Characteristics Model*, das davon ausgeht, dass intrinsische Motivation durch erlebte Verantwortlichkeit, Bedeutsamkeit der Tätigkeit und Rückmeldung zu den Arbeitsergebnissen entsteht.
- Der *Work Design Questionnaire* (WDQ) versucht, die subjektiv erlebte Arbeitsplatzgestaltung zu erfassen und berücksichtigt dabei motivationale, soziale und kontextuelle Arbeitsplatzmerkmale.
- Mit dem Instrument zur stressbezogenen Arbeitsbelastung (ISTA) sollen stressrelevante Arbeitsmerkmale und Belastungen erfasst werden.

Schlüsselbegriffe

Arbeitsanalyse, Instrument zur stressbezogenen Arbeitsanalyse (ISTA), Job Characteristics Model, Job-Diagnostic Survey (JDS), MTO(Mensch, Technik, Organisation)–Analyse, Soziotechnische Systemanalyse, Verfahren zur Ermittlung von Regulationserfordernissen in der Arbeitstätigkeit (VERA), Work Design Questionnaire (WDQ)

Literatur

Bamberg, E., Mohr, G., & Busch, C. (2012). *Arbeitspsychologie*. Hogrefe.

BfA (Bundesagentur für Arbeit). (2022). *Branchen im Fokus*. https://statistik.arbeitsagentur.de/DE/Navigation/Statistiken/Interaktive-Statistiken/Branchen-im-Fokus/Branchen-im-Fokus-Nav.html. Zugegriffen am 02.12.2022.

Literatur

Bundesamt für Statistik. (2021). *Erwerbsquote und Erwerbsquote in Vollzeitäquivalenten der 15-64-Jährigen, nach Migrationsstatus, Geschlecht und verschiedenen soziodemografischen Merkmalen.* https://www.bfs.admin.ch/asset/de/19584447. Zugegriffen am 31.01.2023.

Bundesamt für Statistik. (2022). *Komponenten der tatsächlichen Jahresarbeitszeit und der tatsächlichen wöchentlichen Arbeitszeit nach Geschlecht, Nationalität, Beschäftigungsgrad und Wirtschaftsabschnitten.* https://www.bfs.admin.ch/bfs/de/home/statistiken/arbeit-erwerb/erwerbstaetigkeit-arbeitszeit/arbeitszeit/ueberstunden.assetdetail.22708527.html. Zugegriffen am 30.01.2023.

Emery, F. E., & Trist, E. L. (1960). Socio-technical systems. In C. W. Churchman & M. Verhulst (Hrsg.), *Management science, models and techniques* (Bd. 2, S. 83–97). Pergamon.

Frese, M. (1989). Gütekriterien der Operationalisierung von sozialer Unterstützung. *Zeitschrift für Arbeitswissenschaft, 43*(2), 112–122.

Frese, M. (1991). *Die Führung der eigenen Person. Stressmanagement.* Besser Führen, Problemfeld 3. München Institut Mensch und Arbeit.

Hackman, J. R., & Lawler, E. E. (1971). Employee reactions to job characteristics. *Journal of Applied Psychology, 55*, 259–286.

Hackman, J. R., & Oldham, G. R. (1975). Development of the Job Diagnostic Survey. *Journal of Applied Psychology, 60*, 159–170.

Hackman, J. R., & Oldham, G. R. (1976). Motivation through the design of work: Test of a theory. *Organizational Behavior and Human Performance, 16*(2), 250–279.

Hill, P. (1971). *Towards a new philosophy of management.* Gower.

IAB (Institut für Arbeitsmarkt- und Berufsforschung der Bundesagentur für Arbeit). (2020). *Entwicklung von Erwerbstätigkeit, Arbeitszeit und Arbeitsvolumen nach Geschlecht.* http://doku.iab.de/forschungsbericht/2020/fb1620.pdf. Zugegriffen am 01.12.2022.

Irmer, J. P., Kern, M., Schermelleh-Engel, K., Semmer, N. K., & Zapf, D. (2019a). The Instrument for stress-oriented task analysis (ISTA). *Zeitschrift für Arbeits- und Organisationspsychologie A&O, 63*(4), 217–237.

Irmer, J. P., Kern, M., Schermelleh-Engel, K., Semmer, N. K., & Zapf, D. (2019b). ISTA – The instrument for stress oriented task analysis – A meta-analysis – Appendix. *Zeitschrift für Arbeits- & Organisationspsychologie, 63*(4). https://econtent.hogrefe.com/doi/suppl/10.1026/0932-4089/a000312/suppl_file/0932-4089_a000312_esm1.pdf. Zugegriffen am 08.12.2022.

Kluth, C. (1977). Amtsgedanke und Pflichtethos in der Industriegesellschaft. In G. Hartfiel (Hrsg.), *Das Leistungsprinzip: Merkmale-Bedingungen – Probleme* (S. 152–165). Leske und Budrich.

Lewin, K. (1920). Die Sozialisierung des Taylorsystems. Eine grundsätzliche Untersuchung zur Arbeits- und Berufspsychologie. *Schriftenreihe Praktischer Sozialismus, 4*, 3–36.

Matern, B. (1984). *Psychologische Arbeitsanalyse.* Springer.

Morgeson, F. P., & Humphrey, S. E. (2006). The Work Design Questionnaire (WDQ): Developing and validating a comprehensive measure for assessing job design and the nature of work. *Journal of Applied Psychology, 91*, 1321–1339.

Oesterreich, R. (1981). *Handlungsregulation und Kontrolle.* Urban & Schwarzenberg.

Oesterreich, R. (1999). VERA. Verfahren zur Ermittlung von Regulationserfordernissen. In H. Dunckel (Hrsg.), *Handbuch psychologischer Arbeitsanalyseverfahren* (Mensch, Technik, Organisation, Bd. 14, S. 539–557). vdf.

Oesterreich, R., & Volpert, W. (1991). *VERA Version 2. Handbuch und Manual* (Forschungen zum Handeln in Arbeit und Alltag, Bd. 3). Technische Universität, Universitätsbibliothek, Abt. Publikationen.

Oesterreich, R., Leitner, K., & Resch, M. (2000). *Analyse psychischer Anforderungen und Belastungen in der Produktionsarbeit*. Hogrefe.

Offe, C. (1977). Leistungsprinzip und industrielle Arbeit. In G. Hartfiel (Hrsg.), *Das Leistungsprinzip: Merkmale – Bedingungen – Probleme* (S. 102–118). Leske und Budrich.

Prümper, J., Hartmannsgruber, K., & Frese, M. (1995). KFZA. Kurz-Fragebogen zur Arbeitsanalyse. *Zeitschrift für Arbeits-und Organisationspsychologie, 39*(3), 125–131.

Rosenstiel, L., Falkenberg, T., Hehn, W., Henschel, E., & Warns, I. (1982). *Betriebsklima heute: Studie im Auftrag des Bayerischen Staatsministeriums für Arbeit und Sozialordnung*. Kiehl.

Schaper, N. (2019). Arbeitsanalyse und -bewertung. In F. W. Nerdinger, G. Blickle, & N. Schaper (Hrsg.), *Arbeits- und Organisationspsychologie* (4. Aufl., S. 386–410). Springer.

Schmidt, K.-H., & Kleinbeck, U. (1999). Job Diagnostic Survey (JDS – deutsche Fassung). In H. Dunkel (Hrsg.), *Handbuch psychologischer Arbeitsanalyseverfahren* (S. 205–230). vdf.

Schmidt, K.-H., Kleinbeck, U., Ottmann, W., & Seidel, B. (1985). Ein Verfahren zur Diagnose von Arbeitsinhalten: Der Job Diagnostic Survey (JDS). *Psychologie und Praxis, Zeitschrift für Arbeits- und Organisationspsychologie, 29*, 162–172.

Schüpbach, H. (2008). Schulen als soziotechnische Systeme – Versuch einer Konzeptualisierung. In A. Krause, H. Schüpbach, E. Ulich, & M. Wülser (Hrsg.), *Arbeitsort Schule. Organisations- und arbeitspsychologische Perspektiven* (S. 21–46). Gabler.

Semmer, N., & Udris, I. (1995). Bedeutung und Wirkung von Arbeit. In H. Schuler (Hrsg.), *Lehrbuch Organisationspsychologie* (2. Aufl.). Huber.

Semmer, N., Zapf, D., & Dunckel, H. (1999). Instrument zur stressbezogenen Tätigkeitsanalyse (ISTA). *Handbuch psychologischer arbeitsanalyseverfahren, 14*, 179–204.

Statistik.at. (2021). *Erwerbstätigkeit*. https://www.statistik.at/statistiken/bevoelkerung-und-soziales/gender-statistiken/erwerbstaetigkeit. Zugegriffen am 31.01.2023.

Statistisches Bundesamt. (2022a). *Wöchentliche Arbeitszeit in der EU*. https://www.destatis.de/Europa/DE/Thema/Bevoelkerung-Arbeit-Soziales/Arbeitsmarkt/Qualitaet-der-Arbeit/_dimension-3/01_woechentliche-arbeitszeitl.html. Zugegriffen am 01.12.2022.

Statistisches Bundesamt. (2022b). *Frauen in Führungspositionen weiterhin unterrepräsentiert*. https://www.destatis.de/Europa/DE/Thema/Bevoelkerung-Arbeit-Soziales/Arbeitsmarkt/Frauenanteil_Fuehrungsetagen.html. Zugegriffen am 02.12.2022.

Statistisches Bundesamt. (2022c). *Gender Pay Gap 2020: Deutschland bleibt eines der EU-Schlusslichter*. https://www.destatis.de/Europa/DE/Thema/Bevoelkerung-Arbeit-Soziales/Arbeitsmarkt/GenderPayGap.html. Zugegriffen am 02.12.2022.

Stegmann, S., van Dick, R., Ullrich, J., Charalambous, J., Menzel, B., Egold, N., & Wu, T. T.-C. (2010). Der Work Design Questionnaire. *Zeitschrift für Arbeits- und Organisationspsychologie A&O, 54*(1), 1–28.

Strohm, O., & Ulich, E. (1999). Ganzheitliche Betriebsanalyse unter Berücksichtigung von Mensch, Technik, Organisation (MTO-Analyse). In H. Dunckel (Hrsg.), *Handbuch psychologischer Arbeitsanalyseverfahren* (S. 319–340). vdf.

Strohm, O., & Ulich, E. (2011). Unternehmen umfassend bewerten. In C. Meyn, G. Peter, U. Dechmann, A. Georg, & O. Katenkamp (Hrsg.),

Literatur

Arbeitssituationsanalyse, Bd. 2: Praxisbeispiele und Methoden (S. 322–338). Springer VS.

Udris, I., & Alioth, A. (1980). Fragebogen zur subjektiven Arbeitsanalyse (SAA). *Monotonie in der Industrie, 29*, 204–207.

Ulich, E. (2011). *Arbeitspsychologie* (7. Aufl.). Schäffer-Poeschl.

Ulich, E. (2013). Arbeitssysteme als soziotechnische Systeme – eine Erinnerung. *Psychologie des Alltagshandelns., 6*(1), 4–12.

Volpert, W., Oesterreich, R., Gablenz-Kolakovic, S., Krogoll, T., & Resch, M. (1983). *Verfahren zur Ermittlung von Regulationserfordernissen in der Arbeitstätigkeit (VERA)*. TÜV Rheinland.

Walther, R. (1990). Arbeit – Ein begriffsgeschichtlicher Überblick von Aristoteles bis Ricardo. In H. König, B. von Greiff, & H. Schauer (Hrsg.), *Sozialphilosophie der industriellen Arbeit. LEVIATHAN Zeitschrift für Sozialwissenschaft, Sonderheft 11/1990* (S. 3–25). Springer.

Arbeitsgestaltung

Inhaltsverzeichnis

3.1 Gegenstand und Ziele – 43

3.2 Humane Arbeitsplatz- und Tätigkeitsgestaltung – 44

3.3 Das Konzept der vollständigen Aufgabe – 45

3.4 Maßnahmen der Arbeitsgestaltung – 46
3.4.1 Job Rotation – 46
3.4.2 Job Enlargement – 48
3.4.3 Job Enrichement – 48
3.4.4 Gruppenarbeit – 50

3.5 Arbeitsplatzergonomie – 52

Literatur – 57

© Der/die Autor(en), exklusiv lizenziert an Springer-Verlag GmbH, DE,
ein Teil von Springer Nature 2024
P. M. Bak, *Arbeits- und Organisationspsychologie*, Angewandte Psychologie Kompakt,
https://doi.org/10.1007/978-3-662-68597-6_3

Lernziele

- Den Gegenstand und die Ziele der Arbeitsgestaltung beschreiben können.
- Den Unterschied zwischen korrektiver, präventiver, prospektiver und differenzieller Arbeitsgestaltung kennen.
- Humane Arbeitsplatzgestaltung beschreiben können.
- Das Konzept der vollständigen Aufgabe kennen und erläutern können.
- Die Maßnahmen Job Rotation, Job Enlargement und Job Enrichement erklären können.
- Die Besonderheiten der Gruppenarbeit beschreiben und erklären können
- Den Begriff der Arbeitsplatzergonomie kennen

Korrektive und präventive Arbeitsgestaltung

Einführung

Anhand der im vorherigen Kapitel beschriebenen Arbeitsanalyse lassen sich Schwierigkeiten und Schwachstellen im Arbeitsablauf feststellen. Sie beschreibt den Ist-Zustand der Arbeit und ist damit Grundlage für die Formulierung und Gestaltung des Soll-Zustandes und von Veränderungsprozessen, die zum gewünschten Ziel führen. Letzteres ist Gegenstand der Arbeitsgestaltung: „Allgemein werden unter Arbeitsgestaltung alle technischen, organisatorischen und ergonomischen Maßnahmen verstanden, die sich auf die Gestaltung des Arbeitsplatzes, der Arbeitsumgebung, des Arbeitsablaufs, der Arbeitsorganisation und der Aufgabeninhalte beziehen" (Schaper, 2019, S. 412). Diese Veränderungsprozesse können dabei im Sinne einer *korrektiven Arbeitsgestaltung* dazu eingesetzt werden, faktische und erkannte Mängel zu korrigieren, z. B. den Austausch von Bürostühlen oder Computermonitoren. Von *präventiver Arbeitsgestaltung* spricht man stattdessen, wenn es darum geht, bereits bei der Planung und Konzeption von Arbeitsprozessen und -bedingungen gesundheitsschädliche oder psychosoziale Beeinträchtigungen zu verhindern. Beispiele dafür wären die Planung von Arbeitsabläufen, die Unfälle unwahrscheinlich machen, oder die räumliche Abtrennung von Lärmquellen. Die *prospektive Arbeitsgestaltung* geht noch weiter und versucht Möglichkeiten der Persönlichkeitsentwicklung zu schaffen. Beispiele dafür sind individualisierbare Arbeitssysteme, die den unterschiedlichen Nutzerbedürfnissen und -qualifikationen besser gerecht werden. Wird von *differenzieller Arbeitsgestaltung* gesprochen, dann ist gemeint, dass es auch unterschiedliche Arbeitsstrukturen geben kann, die von den Beschäftigten gewählt werden können (z. B. Ulich, 1995)

3.1 Gegenstand und Ziele

Die Gegenstände arbeitsgestaltender Maßnahmen sind vielseitig. Schaper (2019) führt beispielsweise folgende Bereiche auf:

Arbeitsumgebung: Maßnahmen beziehen sich auf den umweltlichen und materiellen Kontext, in dem die Arbeit stattfindet (Lärm, Schmutz, Licht, etc.).

Arbeitsmittel: Hier stehen die für die Arbeit eingesetzten und notwendigen Werkzeuge und Hilfsmittel, z. B. Headsets für Call-Center-Mitarbeiter und -Mitarbeiterinnen, Berufskleidung oder auch Computersoftware (siehe weiter unten) im Mittelpunkt von Optimierungsmaßnahmen.

Arbeitsplatz: Auch die konkrete Situation am Arbeitsplatz, also etwa Bestuhlung, Tische, Zugänglichkeit von Werkzeugen etc., kann verändert werden.

Arbeitsinhalte: Arbeitsinhalte können mehr oder weniger motivierend sein und sich darin unterscheiden, inwieweit sie die Ressourcen und Fähigkeiten/Fertigkeiten der Beschäftigten tangieren.

Arbeitszeit: Arbeitszeit bezieht sich auf die Möglichkeiten, Pausen einzulegen und/oder Anfangs- und Endzeiten (flexibel) zu gestalten.

Arbeitsablauf bzw. **Arbeitsorganisation**: Übergreifend können sich Optimierungsmaßnahmen auf die Gestaltung von Arbeitsprozessen und Prozessschnittstellen beziehen.

Mit arbeitsgestaltenden Maßnahmen können verschiedene Ziele verbunden sein. Unternehmensbezogene Ziele lassen sich von personenbezogenen Zielen unterscheiden. Unternehmensbezogene Ziele können beispielsweise die Senkung von Kosten, organisatorische Ziele wie Mitarbeiter- und Kundenzufriedenheit oder die Optimierung von Abläufen und Strukturen betreffen oder technische Ziele wie z. B. die Schadstoffreduzierung am Arbeitsplatz oder eine ergonomische Arbeitsplatzgestaltung. Personenbezogene Ziele wiederum beziehen sich allgemein auf den Erhalt und die Förderung von Gesundheit und Persönlichkeitsförderlichkeit (Schaper, 2019) und richten sich allgemein an Kriterien einer humanen Arbeitsplatzgestaltung.

Personen- und unternehmensbezogene Ziele

3.2 Humane Arbeitsplatz- und Tätigkeitsgestaltung

Erwartungen verändern sich

Es versteht sich, dass es kaum möglich ist, alle Kriterien einer humanen Arbeitsplatzgestaltung zu benennen. Dazu sind die Anforderungen, Bedürfnisse und Erwartungen der betreffenden Personen zu vielschichtig und unterschiedlich. Was für den einen human ist, mag für den anderen schon nicht mehr tragbar sein. Zudem verändern sich die Kriterien des Zumutbaren mit der Zeit. Die Arbeitsplätze von heute haben kaum noch Gemeinsamkeiten mit denen vor 50 Jahren.

> **Arbeiten unter Tage im 19. Jahrhundert**
> Wir machen uns heute kaum Vorstellungen davon, wie das Arbeiten und die Arbeitsplatzgestaltung in früheren Zeiten aussahen: Lange Arbeitszeiten, kaum Pausen und teilweise unerträgliche Arbeitsbedingungen. Zu den besonders harten Arbeitsplätzen gehörten sicherlich die Gruben der Kohlebergwerke. Eindrücklich schildert dies beispielsweise der französische Autor Émile Zola (1840–1902) in seinem naturalistischen Roman „Germinal". Der Held der Geschichte ist ein junger Mechaniker namens Étienne, der in einer solchen Grube Arbeit findet und dort das Elend unter Tage, Hunger und Hitze, Kinderarbeit und Katastrophen erlebt, bei Löhnen, die kaum zum Überleben reichen. In einer Szene schildert Zola, wie Étienne zum ersten Mal an seinem neuen Arbeitsplatz, dem „Wilhelmstollen", einfährt: „Gleich nach den ersten Schritten stieß Étienne überall mit dem Kopfe und den Ellbogen an. Die abschüssige Decke senkte sich so tief nieder, daß er in einer Länge von zwanzig bis dreißig Metern auf den Knien fortrutschen mußte. Das Wasser reichte ihm bis zu den Knöcheln" (Zola, 1885/1983, S. 44). Étienne quält sich weiter in die Höhle: „Der Aufstieg wollte kein Ende nehmen, durch diesen Spalt, der Rücken und Brust abschürfte. Étienne keuchte, als hätte das Gewicht der Felsen ihm die Glieder zermalmt; seine Hände waren zerrissen, seine Beine todmüde, vor allem fehlte es ihm an Luft, so daß er das Gefühl hatte, als wolle das Blut ihm die Haut zerreißen" (Zola, 1885/1983, S. 45).

Vier wichtige Kriterien

Welche allgemeingültigen Kriterien kann es für eine humane Arbeitsgestaltung geben? Häufig wird in diesem Zusammenhang auf die von Hacker und Richter (1984) aufgeführten Kriterien der Ausführbarkeit, Schädigungslosigkeit, Beeinträchtigungslosigkeit und die Persönlichkeitsförderlichkeit verwiesen. Ausführbarkeit meint dabei, dass die Tätigkeit grundsätzlich auch von den Beschäftigten richtig ausgeführt werden kann und zu deren Fertigkeiten/Fähigkeiten passt. Die Tätigkeit muss zudem ohne Gesundheitsschäden problemlos ausführbar sein (Schädigungslosigkeit). Beeinträchtigungslosigkeit wiederum meint, dass die Tätigkeit keine unzumutbaren Beeinträchtigungen mit sich bringt, also beispielsweise die Mitarbeiter und Mitarbeiterinnen nicht zu sehr stresst, langweilt oder unter- bzw. überfordert. Schließlich wird unter Persönlichkeitsförderlichkeit verstanden, dass die tätige Person nicht nur ihre Kompetenzen umfassend einbringen kann, sondern auch auf vielfältige Weise gefordert wird und damit auch ihre Kompetenzen und ihre Persönlichkeit weiterentwickeln kann.

Aber auch motivierende Faktoren und insbesondere die Förderung intrinsischer Motivation spielen bei der Arbeitsgestaltung eine Rolle. Wie wir bereits im Zusammenhang mit dem *Job-Diagnostic-Survey* (▶ Abschn. 2.6.3) festgehalten haben, lassen sich nach Hackman und Lawler (1971) drei Voraussetzungen für das Entstehen von intrinsischer Motivation am Arbeitsplatz festhalten, nämlich erlebte Verantwortlichkeit, Bedeutsamkeit der Arbeit und das Wissen um die Arbeitsergebnisse. Die Tätigkeit muss zudem vielseitig sein, am besten von Anfang bis Ende durchgeführt werden, als sinnhaft erlebt und autonom erledigt werden können. Zudem ist ein zeitnahes Feedback zum Arbeitsergebnis bedeutsam. Ähnliche Kriterien legen Ulich, Conrad-Betschart und Baitsch (1989) vor, nämlich Ganzheitlichkeit, Anforderungsvielfalt, Möglichkeit der sozialen Interaktion, Autonomie sowie Lern- und Entwicklungsmöglichkeiten. Bei Ulich (2011) finden sich zudem noch die Merkmale Zeitelastizität und stressfreie Regulierbarkeit, d. h. die einzuhaltenden Zeitpläne sollten einen ausreichend Zeitpuffer beinhalten, sowie Sinnhaftigkeit.

Intrinsische Motivation

3.3 Das Konzept der vollständigen Aufgabe

Unter den eben aufgeführten Merkmalen wird insbesondere der Ganzheitlichkeit eine besondere Bedeutung zugeschrieben, da diese die anderen Merkmale zum Teil mitbedingt (Ulich, 1995, 2011). So wird eine Tätigkeit, die von Anfang bis Ende durchgeführt wird, nicht nur bedeutungsvoller, sie erlaubt es auch eher, ihre Bedeutung im gesamten Arbeitsablauf besser zu verstehen und permanent Rückmeldung über den eigenen Arbeitsfortschritt zu erhalten. Die Bedeutung der Ganzheitlichkeit weist Parallelen zum Konzept der vollständigen Aufgabe (z. B. Ulich, 2011; Hacker & Sachse, 2014) auf. Merkmale

Höhere Selbstwirksamkeit

einer vollständigen Aufgabe bzw. Tätigkeit sind, dass die Person sich selbstständig Ziele setzen kann, selbstständig die Aufgabenbearbeitung plant und vorbereitet, die Mittel zur Zielerreichung eigenständig und eigenverantwortlich auswählen kann, die Tätigkeit selbst ausführen kann und dazu selbstständig Feedback zur Handlungskorrektur erhält sowie die Möglichkeit besitzt, die Ergebnisqualität selbstständig zu beurteilen und damit die Möglichkeit bekommt, die getätigten Handlungen mit dem Erreichten (und den gesetzten Zielen) zu vergleichen (Ulich, 1995). Werden dagegen nur Teilaufgaben bearbeitet, schwindet der Tätigkeitsspielraum und damit die Kontrollierbarkeit, was sich wiederum negativ auf die Selbstwirksamkeit auswirkt (Hacker & Sachse, 2014).

Zyklische und hierarchische Vollständigkeit..

Hacker und Sachse (2014) differenzieren dabei noch zwischen *zyklischer Vollständigkeit*, womit die vollständige Aufgabenbearbeitung von Anfang bis Ende wie eben beschrieben gemeint ist, und der *hierarchischen Vollständigkeit*. Letztere meint, dass vollständige Tätigkeiten verschiedene (kognitive) Anforderungen auf unterschiedlichen Regulationsebenen voraussetzen d. h. die einzelnen Tätigkeitsschritte fordern die Person ganz unterschiedlich. Vorbereitung, Organisation, Kontrolle etwa sind kognitiv fordernder als die bloße Ausführung.

3.4 Maßnahmen der Arbeitsgestaltung

Neben der Ganzheitlichkeit sind auch vermehrte Handlungsspielräume und ein autonomes Arbeiten wichtige Gestaltungsmerkmale der Arbeit. Es lassen sich nun verschiedene Maßnahmen zur Förderung von Autonomie und Spielräumen unterscheiden. Die bekanntesten sind *Job Rotation, Job Enlargement, Job Enrichement* und die teilautonomen Arbeitsgruppen (◘ Abb. 3.1).

3.4.1 Job Rotation

Horizontaler und vertikaler Positionswechsel

Eine einfache Möglichkeit, monotoner Arbeit und damit einhergehenden Belastungen und wenig persönlichkeitsfördernden Bedingungen entgegenzuwirken, ist der Arbeitsplatzwechsel. Die Beschäftigten erledigen also nicht stets die gleiche Arbeit, sondern gehen abwechselnden Tätigkeiten nach. In der Regel handelt es sich dabei um Tätigkeiten, die sich hinsichtlich der gestellten Anforderungen ähneln (horizontaler Positionswechsel). Wichtig dabei ist, dass die arbeitende Person die Tätigkeit als unterschiedlich erlebt. Sind unterschiedliche Kompetenzen für unterschiedliche Tätig-

3.4 · Maßnahmen der Arbeitsgestaltung

◘ **Abb. 3.1** Job Rotation (© Kateryna Naegler)

keiten erforderlich, spricht man von vertikalem Positionswechsel (zur vertikalen und horizontalen Tätigkeitsanreicherung vgl. auch Herzberg, 1968). Der vertikale Positionswechsel kann beispielsweise im Zuge der organisationalen Sozialisation zum Tragen kommen, wenn es darum geht, neuen Mitarbeitern und Mitarbeiterinnen die Verschiedenartigkeit von Tätigkeiten in der Organisation zu zeigen (▶ Kap. 6), oder wenn es im Sinne der Beziehungsgestaltung zwischen den Beschäftigten oder zwischen den Mitarbeitern und Mitarbeiterinnen und Kunden darum geht, die unterschiedlichen Rollen und Bedürfnisse besser zu verstehen (vgl. dazu auch Schaper, 2019).

3.4.2 Job Enlargement

Monotonie vorbeugen

Job Enlargement bezeichnet die Erweiterung des Tätigkeitsspektrums um vor- bzw. nachgelagerte Arbeitsschritte. Wie auch *Job Rotation* soll diese Maßnahme der Monotonie vorbeugen. Ein Beispiel dafür ist, wenn ein Lagerist, dessen Aufgabe zunächst darin besteht, Ware aus dem Lager eines großen Versandhauses zu suchen und diese dann zur weiteren Verpackung, Qualitätskontrolle und Versendung an eine andere Person übergibt, nach einer Erweiterungsmaßnahme nun für die gesamte Bestellung und Abwicklung zuständig ist, also die Ware im Lager sucht, verpackt, die Qualitätskontrolle durchführt und die Ware versendet. In diesem Fall würde es sich eher um eine horizontale Tätigkeitserweiterung handeln. Die neuen Tätigkeiten erfordern kein neues Anforderungsniveau und können daher zwar Monotonie vorbeugen, persönlichkeitsförderlich sind sie allerdings eher nicht. Letzteres wäre dann der Fall, wenn beispielsweise im Zuge von mehr Verantwortungsübernahmen die erweiterte Tätigkeit auch neue Anforderungen stellen würde, wie es beim *Job Enrichement* der Fall ist.

3.4.3 Job Enrichement

Motivation steigern

Beim *Job Enrichement* wird das Tätigkeitsspektrum um Handlungs-, Kontroll- und Entscheidungsmöglichkeiten angereichert, d. h. es werden auch unterschiedliche Fähig- und Fertigkeiten angesprochen und eine Tätigkeit idealerweise ganz im Sinne der vollständigen Aufgabe von Anfang bis Ende ausgeführt. Planung, Ausführung und Kontrolle liegen dann in einer Hand. Dies ist nicht nur ein wirksames Mittel gegen Monotonie, sondern auch eine Maßnahme zur Erhöhung der Motivation und des Verantwortungsgefühls sowie dem Erleben von Sinnhaftigkeit.

Eine weitere Möglichkeit der Tätigkeitsanreicherung ist die teilautonome Arbeitsgruppe. Dabei erledigen mehrere Personen gemeinsam eine bestimmte Aufgabenstellung, d. h. die Arbeitstätigen organisieren ihre Arbeit (Koordination der Teilaufgaben, Arbeitsabläufe, Rollen, Ressourcen etc.) selbst. Diese Form der Arbeitsgestaltung findet sich in Form von Montage- bzw. Fertigungsinseln häufig in der Automobilproduktion (siehe auch Ulich, 2011).

3.4 · Maßnahmen der Arbeitsgestaltung

Gamification

In den letzten Jahren hat sich in pädagogischen und organisationalen Kontexten ein neuer Trend rund um das Thema Gamification entwickelt (zum Überblick siehe z. B. Stieglitz et al., 2017; vgl. auch Larson, 2020). Dahinter steckt die Idee, die motivierende und leistungssteigernde Wirkung des Spiels in spielfernen Kontexten zu nutzen: „‚Gamification' is the use of game design elements in non-game contexts" (Deterding et al., 2011). Typische Merkmale des Spiels sind beispielsweise klare und eindeutige Ziele, klar definierte Regeln, wie man das Ziel erreichen kann, ein Feedbacksystem, das einen über den Zustand der Zielerreichung informiert und die Freiwilligkeit der Partizipation und der Regelbefolgung (McGonigal, 2011). Hunicke, Leblanc und Zubek (2004) betonen drei Prinzipien des Spiels, nämlich die Spielmechanik, die Spieldynamik und die Spielästhetik. Zur Spielmechanik gehören Spielkomponenten wie Punkte (für erreichte Leistungen), Ranglisten (um sich zu vergleichen), Spielelevels sowie ein Anreizsystem, das unabhängig vom eigentlichen Hauptziel durch Erfüllung von (Zusatz-)Aufgaben belohnt. Die Spieldynamik beschreibt das, was im Spiel aus welchem Grund passiert, also z. B. wann Belohnungen vergeben werden, wie man seinen Status erhöhen kann, wann man Geschenke erhält, wie man sich selbst darstellen kann oder wie der Wettbewerb mit anderen erfolgt. Schließlich meint die Spielästhetik die erwünschten emotionalen Reaktionen, die man beim Spielen erlebt, also beispielsweise, ob das Spiel Vergnügen bereitet, eine Herausforderung darstellt, eine Geschichte erlebbar macht, Neues entdecken lässt etc. Konkret umsetzen kann man das „Spielen in spielfernen Kontexten" beispielsweise bei Weiterbildungsmaßnahmen, bei denen Wissen spielerisch vermittelt werden kann und die eigene Leistung anhand eines Punktekontos abrufbar ist (inklusive Bestenliste), oder bei Simulationen, wie in bestimmten Situationen mit Schwierigkeiten umzugehen ist oder in dem man Teams gegeneinander antreten lässt, z. B. beim Entwickeln neuer und innovativer Lösungen. Kritisch kann man hier anmerken, dass die Gamification womöglich auch nur ein weiteres Symptom einer Gesellschaft darstellt, die zunehmend „kindisch" zu werden scheint, wenn man den Analysen des Politikwissenschaftlers Benjamin Barber folgt, der von einem neuen „infantilen Ethos" unserer Konsumgesellschaft spricht: „This infantilist ethos is as potent in shaping the ideology and behaviors of our radical consumerist society today as what Max Weber called the 'Protestant ethic' was in shaping the entrepreneurial culture of what was then a productivist early capitalist society." (Barber, 2007, S. 3)

3.4.4 Gruppenarbeit

Disjunktive und konjunktive Aufgaben

Eine weitere grundsätzliche Maßnahme der Arbeitsgestaltung ist die Gruppenarbeit (Teamarbeit), die insbesondere durch die sozialpsychologische Kleingruppenforschung theoretisch fundiert wurde (Steiner, 1972; siehe auch z. B. Schulz-Hardt & Brodbeck, 2014). Im Mittelpunkt steht dabei die Beobachtung, dass Leistungen variieren können, je nachdem, ob Personen allein agieren oder in Gruppen. Die Gruppenleistung lässt sich dabei als Gegenüberstellung von gruppenbedingten Prozessgewinnen und -verlusten darstellen (Hackman & Morris, 1975). Gruppenbedingte Prozessgewinne bzw. -verluste sind dann Vorteile bzw. Nachteile der Gruppenleistung gegenüber den (aufsummierten) Einzelleistungen. Ein konkretes Beispiel dafür ist das Brainstorming, bei dem sich die beteiligten Personen gegenseitig durch ihre geäußerten Ideen stimulieren und am Ende im besten Fall eine Idee herausspringt, die die Personen alleine nicht bekommen hätten. Unterschiedliche Aufgaben können allerdings zu unterschiedlichen Gruppenleistungen beitragen. Additive Aufgaben werden beispielsweise so gut erledigt, wie es der Summe der Einzelleistungen entspricht. Je höher diese sind, umso größer ist dann auch die Gruppenleistung. Ein Beispiel dafür ist das Heben und Bewegen von Lasten bei einem Umzugsunternehmen. Bei *disjunktiven* Aufgaben (Auswahl der besten Lösung) wird die Gruppenleistung im Idealfall von der Leistung des fähigsten Mitglieds bestimmt (im schlechten Fall vom dominantesten Mitglied). Für weniger kompetente Personen könnte dies auf Dauer zu Motivationsverlusten und Selbstwertproblemen führen. Bei *konjunktiven* Aufgaben wird die Gruppenleistung durch die Leistung des schwächsten Mitglieds festgelegt (Beispiel Fließbandarbeit). Problem hierbei kann der Motivationsverlust bei den kompetenteren Personen sein.

Feste vs. temporäre Gruppen

Es lassen sich nun unterschiedliche Formen der Gruppenarbeit unterscheiden. Antoni (2004, 2017) differenziert zunächst zwischen Gruppen, die regulärer Bestandteil der Arbeitsorganisation sind und solchen, die eher temporär sind und parallel zur Organisationsform entstehen. Zu Letzteren gehören nach Antoni beispielsweise Qualitätszirkel und Projektgruppen. Qualitätszirkel sind problembezogene Gruppen, die sich, häufig auf hierarchisch unterer Ebene und auf freiwilliger Grundlage, um die Lösung bestimmter Probleme aus ihrem Arbeitsbereich kümmern. Nach der Problemlösung

3.4 · Maßnahmen der Arbeitsgestaltung

lösen sich auch die Gruppen auf. Projektgruppen sind dagegen auf höherer Ebene angesiedelt und werden einmalig zur Lösung von häufig funktionsbereichsübergreifenden Problemen zeitlich begrenzt zusammengestellt. Bei den Gruppen, die zum festen Bestandteil der Arbeitsorganisation gehören unterscheidet Antoni Gruppen mit unterschiedlichem Handlungsspielraum. Arbeitsgruppen, die eine gemeinsame Aufgabe arbeitsteilig bearbeiten, besitzen danach eher geringe Handlungsspielräume. Fertigungsteams, die häufig in der Automobilindustrie in der Fließbandarbeit eingesetzt werden, bestehen aus ungefähr zehn Personen, von denen jeder mindestens drei unterschiedliche Arbeitspositionen am Band einnehmen kann und die durch eine Person (Teamleiter/Teamleiterin) geführt werden. Der Handlungsspielraum ist hier zwar durch diese *Job Rotation* etwas höher, aber deutlich niedriger als bei den weiter oben beschriebenen teilautonomen Arbeitsgruppen, die als weitere Form der Arbeitsgruppe von Antoni aufgeführt wird.

In neuerer Zeit haben überdies die virtuellen Arbeitsgruppen (Lipnack & Stamps, 1997) zunehmend an Bedeutung gewonnen. Virtuelle Arbeitsgruppen bestehen aus Personen, die trotz räumlicher Trennung gemeinsam arbeiten, was gerade im Zusammenhang mit der Covid-Pandemie der Jahre 2020–2022 für viele zum Standard geworden ist. Hybride Arbeitsgruppen (Afflerbach, 2020) sind dagegen Gruppen, die sich zum einen aus Personen zusammensetzen, die vor Ort zusammenarbeiten und zum anderen aus solchen, die aus der Entfernung zuarbeiten.

Virtuelle und hybride Gruppen

Allgemein zu Maßnahmen der Arbeitsgestaltung

> **Soziale Erleichterung vs. soziales Faulenzens**
> Arbeit in der Gruppe (Team) kann zu einer Leistungsverbesserung und zu einer Motivationserhöhung führen. Um bessere Resultate zu erzielen, reicht oftmals schon die bloße Anwesenheit anderer Menschen aus; ein Effekt, der als „Soziale Erleichterung" (*social facilitation*) bekannt geworden ist (Zajonc, 1965). Allerdings gilt das nicht immer, sondern in erster Linie für Tätigkeiten, die man bereits gut beherrscht und die daher keine großen Schwierigkeiten bereiten. Die Anwesenheit anderer kann aber auch das Gegenteil bewirken. Unter dem sozialen Faulenzen (*social loafing*) versteht man das Phänomen, dass Individuen in Gruppen unter ihrem Leistungsniveau bleiben, und zwar dann, wenn die Leistung des Einzelnen durch die anderen nicht erkennbar ist (Karau & Williams, 1993). Für diese Effekte gibt es unterschiedliche Erklärungsansätze, etwa dass die Anwesenheit anderer Einfluss auf die individuelle Erregung nimmt, Angst vor Bewertung schürt oder es zu Aufmerksamkeitskonflikten kommen kann (zum Überblick vgl. Hewstone & Martin, 2014). Wie dem auch sei, es lohnt sich, diese Effekte bei der Frage nach der Teamarbeit genauer zu betrachten, um unerwünschte Nebeneffekte zu vermeiden.

3.5 Arbeitsplatzergonomie

Physische und kognitive Ergonomie

Neben der Gestaltung von Tätigkeiten und Abläufen kann auch die Gestaltung des Arbeitsplatzes selbst in den Fokus der psychologischen Betrachtung rücken. Unter dem Begriff der ergonomischen Arbeitsplatzgestaltung (z. B. Mohokum & Dördelmann, 2018) können alle Maßnahmen zusammengefasst werden, die dazu dienen, die Arbeitsmittel in optimaler Art und Weise auf die erwerbstätigen Personen und deren Fähigkeiten und Merkmale ein- und auszurichten. Dazu gehört die physische Ergonomie, d. h. die Frage nach der optimalen Körperhaltung und Bewegung, die kognitive Ergonomie, also Prozesse, die die Wahrnehmung, das Gedächtnis, die Aufmerksamkeit und Konzentration betreffen (ein Spezialfall ist hier die *Usability*, die sich mit der Handhabbarkeit von Produkten bis hin zu Computerprogrammen oder Webseiten auseinandersetzt) und die Arbeits- und Organisationsergonomie, die sich mit dem betrieblichen und sozialen Umfeld, also Normen, Regeln, Bräuchen etc., beschäftigt.

3.5 · Arbeitsplatzergonomie

Zur ergonomischen Arbeitsplatzgestaltung existieren auch entsprechende Normvorgaben, wobei die Arbeitsstättenverordnung in Deutschland hierfür besonders hervorzuheben ist. Diese soll die Beschäftigten vor Arbeitsunfällen und Gefahren am Arbeitsplatz schützen und die Gesundheit verbessern. Es gibt zahlreiche Vorgaben, von der Einstellung der korrekten Sitzposition, den Sehabstand zum Computerbildschirm, die Bedienbarkeit der Computer-Maus, die Beleuchtung am Arbeitsplatz oder die Beweglichkeit der Beine, die eine optimale Arbeitsweise garantieren sollen. Die Psychologie bietet hier reichhaltige Untersuchungsmethoden und Konzepte an, um die Wirkung der einzelnen Arbeitsplatzbestandteile entsprechend zu erfassen. Eine einfache und schnelle Möglichkeit, den eigenen Arbeitsplatz nach ergonomischen Gesichtspunkten zu bewerten, bietet eine Checkliste des Instituts für angewandte Arbeitswissenschaft e. V., die unter ▶ www.arbeitswissenschaft.net/checkliste-ergonomie kostenlos heruntergeladen werden kann (◘ Abb. 3.2).

Checkliste ergonomischer Arbeitsplatz

◘ **Abb. 3.2** Ein ergonomischer Arbeitsplatz ist sehr wichtig (© Kateryna Naegler)

Usability
Die Usability-Forschung beschäftigt sich ganz allgemein mit der Handhabbarkeit von Produkten (einen guten Einstieg ins Thema bieten Groner, Raess und Sury 2008). Das betrifft beispielsweise die Frage, ob es sofort einsichtig ist, wie das Produkt zu verwenden, anzuschalten oder wie es zu verändern ist. Übereinstimmend können dabei vier Kriterien einer hohen Usability festgehalten werden: 1. Nützlichkeit, d. h. die Produktverwendung muss entsprechende Bedürfnisse befriedigen, 2. Erlernbarkeit, d. h. die Verwendung sollte schnell erlernt werden können, 3. Effizienz, d. h. die Anwendung muss schnell und fehlerfrei möglich sein und 4. Zufriedenheit, d. h. die Anwendung muss die Erwartungen erfüllen. Diese Kriterien können an Maschinen ebenso wie an Computerprogramme oder Webseiten angelegt werden. Zur Prüfung werden zahlreiche Methoden eingesetzt, vom lauten Denken über Fokusgruppen bis hin zu Expertenbeurteilungen oder Laborexperimenten. Das Testen von Produkten im Vorfeld einer Markteinführung (*Prototyping*) hat dann nicht nur die Kunden- bzw. Nutzerzufriedenheit im Blick, sondern kann auch fehlerhaften Umgang und damit verbunden gesundheitliche Beeinträchtigungen und letztendlich auch damit verbundene Kosten reduzieren. Einen Fragebogen zur Messung speziell zur „User Experience von Softwareprodukten" haben beispielsweise Laugwitz, Schrepp und Held (2006) vorgelegt. Ziel des Instruments ist es, einen schnellen und umfassenden Gesamteindruck des Nutzungserlebens zu erhalten. Dabei werden die Dimensionen Attraktivität, Effizienz, Durchschaubarkeit, Steuerbarkeit, Stimulation und Originalität untersucht. Die Kurzversion stammt von Schrepp, Hinderks und Thomaschewski (2018) und konzentriert sich auf die zwei übergeordneten Dimensionen pragmatische und hedonische Qualität. Sie können ja einmal eine aus Ihrer Sicht gute und weniger gute Webseite mit der Kurzversion analysieren. Finden sich dabei Unterschiede?

3.5 · Arbeitsplatzergonomie

Kurzfragebogen zur Beurteilung von Webseiten

Bitte beurteilen Sie die Webseite anhand des folgenden Differenzials:

verwirrend	o o o o o o o	übersichtlich
ineffizient	o o o o o o o	effizient
kompliziert	o o o o o o o	einfach
behindernd	o o o o o o o	unterstützend
uninteressant	o o o o o o o	interessant
langweilig	o o o o o o o	spannend
konventionell	o o o o o o o	originell
herkömmlich	o o o o o o o	neuartig

Die ersten vier Items repräsentieren die pragmatische Qualität, die anderen Items die hedonische Qualität.

? Prüfungsfragen

1. Was sind die Ziele und Gegenstände der Arbeitsgestaltung?
2. Erläutern Sie den Unterschied zwischen der korrektiven, präventiven, prospektiven und differenziellen Arbeitsgestaltung!
3. Was sind Kriterien einer humanen Arbeitsgestaltung?
4. Erläutern Sie, was man jeweils unter Ausführbarkeit, Schädigungslosigkeit, Beeinträchtigungslosigkeit und Persönlichkeitsförderlichkeit verstehen kann.
5. Erläutern Sie das Konzept der vollständigen Aufgabe und erläutern Sie deren Bedeutung für die Arbeitsmotivation.
6. Was versteht man jeweils unter Job Rotation, Job Enlargement und Job Enrichment?
7. Was sind die Gemeinsamkeiten und Unterschiede?
8. Welche Formen der Gruppenarbeit gibt es?
9. Wann fördert die Gruppenarbeit die Motivation und wann bewirkt sie das Gegenteil?
10. Womit beschäftigt sich die Arbeitsplatzergonomie?

Zusammenfassung
- Arbeitsgestaltung bezieht sich auf die Gestaltung des Arbeitsplatzes, der Arbeitsumgebung, des Arbeitsablaufs, der Arbeitsorganisation und der Aufgabeninhalte.
- Man unterscheidet korrektive, präventive, prospektive und differenzielle Arbeitsgestaltung.
- Bei der Arbeitsgestaltung verfolgt man unternehmensbezogene und personenbezogene Ziele.
- Oberstes Ziel ist die humane Arbeitsplatzgestaltung, die sich anhand der Kriterien Ausführbarkeit, Schädigungslosigkeit,
- Beeinträchtigungslosigkeit und Persönlichkeitsförderlichkeit operationalisieren lässt.
- Für die Persönlichkeitsförderlichkeit ist das Konzept der vollständigen Aufgabe bedeutsam.
- Man kann zwischen zyklischer und hierarchischer Vollständigkeit unterscheiden.
- Zu den bekanntesten, Monotonie vorbeugenden Maßnahmen der Arbeitsplatzgestaltung zählen Job Rotation, Job Enrichement und Job Enlargement.
- Gruppenarbeit bietet sich zur Tätigkeitsanreicherung ebenfalls an.
- Man kann zwischen temporären und festen Gruppen unterscheiden.
- Die Arbeitsplatzergonomie befasst sich mit der optimalen und gesundheitsfördernden Gestaltung des Arbeitsplatzes.

Schlüsselbegriffe
Ausführbarkeit, Arbeitsplatzergonomie, Beeinträchtigungslosigkeit, differenzielle Arbeitsgestaltung, disjunktive Aufgaben, Gruppenarbeit, hierarchische Vollständigkeit, humane Arbeitsplatzgestaltung, intrinsische Motivation, Job Rotation, Job Enrichement, Job Enlargement, konjunktive Aufgaben, korrektive Arbeitsgestaltung, präventive Arbeitsgestaltung, Persönlichkeitsförderlichkeit, prospektive Arbeitsgestaltung, Schädigungslosigkeit, teilautonome Gruppen, virtuelle Gruppen, vollständige Aufgabe, zyklische Vollständigkeit

Literatur

Afflerbach, T. (2020). *Hybrid virtual teams in shared services organizations: Practices to overcome the cooperation problem.* Springer International Publishing.

Antoni, C. (2004). Gruppen-und Teamarbeit in der Industrie. Erfahrungen und Konsequenzen für die Gestaltung. In C. O. Velmertig, K. Schattenhofer, & C. Schrapper (Hrsg.), *Teamarbeit: Konzepte und Erfahrungen – Eine gruppendynamische Zwischenbilanz* (S. 45–58). Juventa.

Antoni, C. H. (2017). Gruppen- und Teamarbeit. In D. Spath, E. Westkämper, H.-J. Bullinger, & H.-J. Warnecke (Hrsg.), *Neue Entwicklungen in der Unternehmensorganisation* (S. 161–172). Springer.

Barber, B. (2007). *Consumed: how markets corrupt children, infantilize adults, and swallow citizens whole.* Norton.

Deterding, S., Dixon, D., Khaled, R., & Nacke, L. (2011). *From game design elements to gamefulness: Defining gamification.* In MindTrek '11 Proceedings of the 15th International Academic MindTrek Conference: Envisioning future media environments (S. 9–15). ACM.

Groner, R., Raess, S., & Sury, P. (2008). Usability: Systematische Gestaltung und Optimierung von Benutzerschnittstellen. In B. Batinic & M. Appel (Hrsg.), *Medienpsychologie* (S. 426–446). Springer.

Hacker, W., & Richter, P. (1984). *Psychische Fehlbeanspruchung.* Springer.

Hacker, W., & Sachse, P. (2014). *Allgemeine Arbeitspsychologie.* Hogrefe.

Hackman, J. R., & Lawler, E. E. (1971). Employee reactions to job characteristics. *Journal of Applied Psychology, 55*, 259–286.

Hackman, J. R., & Morris, C. G. (1975). Group tasks, group interaction process, and group performance. In L. Berkowitz (Hrsg.), *Advances in Experimental Social Psychology* (Bd. 8, S. 45–99). Academic Press.

Herzberg, F. (1968). One more time: How do you motivate employees. *Harvard Business Review, 46*, 53–62.

Hewstone, M., & Martin, R. (2014). Sozialer Einfluss. In K. Jonas, W. Stroebe, & M. Hewstone (Hrsg.), *Sozialpsychologie* (S. 269–313). Springer.

Hunicke, R., LeBlanc, M., & Zubek, R. (2004). *MDA: A formal approach to game design and game research.* In Proceedings of the Challenges in Games AI Workshop. Nineteenth National Conference on Artificial Intelligence.

Karau, S. J., & Williams, K. D. (1993). Social loafing: A meta-analytic review and theoretical integration. *Journal of Personality and Social Psychology, 65*(4), 681–706.

Larson, K. (2020). Serious games and gamification in the corporate training environment: A literature review. *TechTrends, 64*(2), 319–328.

Laugwitz, B., Schrepp, M., & Held, T. (2006). Konstruktion eines Fragebogens zur Messung der User Experience von Softwareprodukten. In A. M. Heinecke & H. Paul (Hrsg.), *Mensch & Computer 2006: Mensch und Computer im StrukturWandel* (S. 125–134). Oldenbourg.

Lipnack, J., & Stamps, J. (1997). *Virtual teams: Reaching across space, time, and organizations with technology.* John Wiley and Sons. Inc.

McGonigal, J. (2011). *Reality is broken: Why games make us better and how they can change the world.* Penguin.

Mohokum, M., & Dördelmann, J. (2018). Ergonomie am Arbeitsplatz mit Praxisbeispielen. In M. Mohokum & J. Dördelmann (Hrsg.), *Betriebliche Gesundheitsförderung* (S. 175–213). Springer.

Schaper, N. (2019). Arbeitsgestaltung in Produktion und Verwaltung. In F. W. Nerdinger, G. Blickle, & N. Schaper (Hrsg.), *Arbeits- und Organisationspsychologie* (4. Aufl., S. 412–434). Springer.

Schrepp, M., Hinderks, A., & Thomaschewski, J. (2018). User experience questionnaire. *Mensch und Computer 2017-Tagungsband. Spielend einfach interagieren, 17*, 355–359.

Schulz-Hardt, S., & Brodbeck, F. C. (2014). Gruppenleistung und Führung. In K. Jonas, M. Stroebe, & M. Hewstone (Hrsg.), *Sozialpsychologie* (S. 472–505). Springer.

Steiner, I. D. (1972). *Group process and productivity*. Academic press.

Stieglitz, S., Lattemann, C., Robra-Bissantz, S., Zarnekow, R., & Brockmann, T. (2017). *Gamification. Using game elements in serious contexts*. Springer Nature.

Ulich, D. (1995). Gestaltung von Arbeitstätigkeiten. In Schuler, H. (1995). *Lehrbuch Organisationspsychologie* (2. Aufl., S. 189–208). Huber.

Ulich, E. (2011). *Arbeitspsychologie* (7. Aufl.). Schäffer-Poeschl.

Ulich, E., Conrad-Betschart, H., & Baitsch, C. (1989). *Arbeitsform mit Zukunft: Ganzheitlich-flexibel statt arbeitsteilig*. Lang.

Zajonc, R. (1965). Social facilitation. *Science, 149*, 269–274.

Zola, E. (1983). *Germinal*. Frankfurt. Insel Taschenbuch (ursprünglich 1885 erschienen).

Arbeitsmotivation und Arbeitszufriedenheit

Inhaltsverzeichnis

4.1 **Arbeitsmotivation – 60**
4.1.1 Zwei-Faktoren-Theorie von Herzberg – 61
4.1.2 VIE-Theorie – 62
4.1.3 Erweitertes Erwartungswertmodell von Heckhausen – 63
4.1.4 Zielsetzungstheorie von Locke und Latham – 64
4.1.5 Weitere im Arbeitskontext einsetzbare Modelle – 66

4.2 **Arbeitszufriedenheit – 67**

Literatur – 73

© Der/die Autor(en), exklusiv lizenziert an Springer-Verlag GmbH, DE,
ein Teil von Springer Nature 2024
P. M. Bak, *Arbeits- und Organisationspsychologie*, Angewandte Psychologie Kompakt,
https://doi.org/10.1007/978-3-662-68597-6_4

Lernziele

- Erklären können, was Motivation allgemein ist
- Die Zwei-Faktoren-Theorie von Herzberg erklären und kritisch hinterfragen können
- Die VIE-Theorie erklären und kritisch hinterfragen können
- Die Zielsetzungstheorie erklären und kritisch hinterfragen können
- Die Bedeutung von Kausalattributionen für die Motivation kennen
- Die Grundzüge der Selbstbestimmungstheorie und des 3K-Modells erläutern können
- Ziele nach dem SMART-Prinzip formulieren können
- Arbeitszufriedenheit erklären und sie operational erfassbar machen können

Einführung

Im vorherigen Kapitel ging es um grundlegende Fragen der Arbeitsgestaltung. Wir haben dabei u. a. festgehalten, dass sich Tätigkeiten darin unterscheiden, inwiefern sie für die Beschäftigten persönlichkeitsförderlich, motivierend oder sinnstiftend sind. Unter manchen Umständen können Tätigkeiten zur Zufriedenheit der beteiligten Personen beitragen, manchmal aber auch das Gegenteil bewirken und unsere physische und psychische Gesundheit beeinträchtigen. Arbeit kann uns anspornen und befriedigen oder uns langweilen oder gar belasten. In diesem Kapitel wollen wir uns ein etwas genaueres Bild davon verschaffen, was Menschen zur Arbeit motiviert und welche Umstände zur Arbeitszufriedenheit beitragen.

4.1 Arbeitsmotivation

Wie wir bereits zu Beginn festgehalten haben, hat Arbeit mindestens zwei Gesichter. Manchmal erleben wir sie als Zwang, dem wir nur widerwillig nachgeben, weil es aus rein ökonomischen Gründen sein muss. Ein anderes Mal dagegen kann Arbeit erfüllend, sinnstiftend und befriedigend sein und die Aussicht, darauf verzichten zu müssen, belastend sein. Dementsprechend unterschiedlich kann die Arbeitsmotivation ausfallen.

Allgemein wird Motivation als ein Drang bezeichnet werden, uns in einer bestimmten Art und Weise zu verhalten. Sie ergibt sich aus den in einer Situation vorliegenden Anreizen und den individuellen Bedürfnissen, Zielen und Motiven (vgl. ausführlich dazu z. B. Rheinberg & Vollmeyer, 2012) (◘ Abb. 4.1).

Motivation und Anreize

4.1 · Arbeitsmotivation

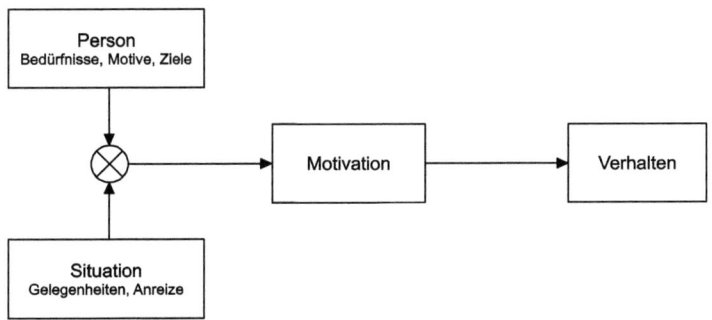

◘ **Abb. 4.1** Motiviertes Verhalten hängt von zahlreichen Umwelt- und personalen Faktoren ab. „Klassisches Motivationsmodell" nach Rheinberg und Vollmeyer (2012)

Es gibt zahlreiche Theorien und Konzepte, den Prozess der Motivation und der Motivierung zu fassen. Angefangen bei tiefenpsychologischen Theorien (z. B. Freud) über Triebtheorien (z. B. Hull), die Feldtheorie (Lewin) bis hin zu handlungstheoretischen Ansätzen und Erwartungswerttheorien (einen schnellen Überblick gibt z. B. Bak, 2019; ausführlicher sind Heckhausen & Heckhausen, 2018). In der Regel eignen sich auch alle wissenschaftlich akzeptierten Motivationsmodelle, auf deren Vorstellung hier verzichtet wird, zur Beschreibung und Erklärung motivationaler Prozesse im Arbeitsleben, insbesondere jedoch handlungstheoretische Modelle. Neben den klassischen und bereichsunspezifischen Motivationsmodellen gibt es auch verschiedene spezifische Ansätze, die sich im Arbeitskontext bewährt haben, hauptsächlich aufgrund ihrer Einfachheit und Handhabbarkeit. Zu den bekanntesten Motivationstheorien zählen hier das *Job-Characteristics-Modell* von Hackman und Oldham, das wir bereits in Kapitel ► Abschn. 2.6.3 kennengelernt haben und deswegen an dieser Stelle auf eine erneute Vorstellung verzichten, das Zwei-Faktoren-Modell von Herzberg (1966), die VIE-Theorie von Vroom (1964) und die Zielsetzungstheorie von Locke und Latham (1990). Schauen wir uns diese etwas näher an.

4.1.1 Zwei-Faktoren-Theorie von Herzberg

Ausgangslage der Zwei-Faktoren-Theorie (Herzberg, 1966) ist die Annahme, dass Zufriedenheit und Unzufriedenheit mit der Arbeit nicht zwei Enden eines Kontinuums darstellen, sondern dass es sich dabei um zwei unabhängige Faktoren handelt. Eine Person kann demnach mit bestimmten Aspekten der Arbeit unzufrieden, mit anderen wiederum durchaus zufrieden sein. Auch muss eine Person, die mit ihrer Arbeit nicht un-

Motivatoren und Hygienefaktoren

zufrieden ist, nicht unbedingt zufrieden damit sein. Ganz offensichtlich gibt es bestimmte Umstände bzw. Faktoren, die für das Ausmaß der Zufriedenheit mit der Arbeit und solche, die für die Unzufriedenheit verantwortlich sind. Faktoren, die zufrieden machen, nennt Herzberg *Motivatoren*. Darunter fallen die Tätigkeit selbst, die Arbeitsleistung und die Anerkennung, die man für die Arbeit erhält, aber auch die Möglichkeit, sich weiterzuentwickeln oder Karriere zu machen. Als *Hygienefaktoren* dagegen bezeichnet Herzberg jene Einflüsse, die unzufrieden machen, wenn sie fehlen oder in einer unbefriedigenden Ausprägung vorliegen, bei denen aber ihr Vorhandensein oder eine optimale Ausprägung nicht zufrieden macht, z. B. der Führungsstil, soziale Beziehungen, Arbeitsplatzbedingungen und das Gehalt. Eine Person, die beispielsweise ein gutes Einkommen hat und sich auch im sozialen Umfeld eines Unternehmens wohlfühlt, mag trotzdem nicht zufrieden mit der Arbeit sein, weil ihr die eigene Tätigkeit sinnlos erscheint. Umgekehrt wird eine Person, die einer befriedigenden und sinnvollen Tätigkeit nachgeht, kaum zufrieden sein, wenn Arbeitsplatzbedingungen und Gehalt nicht adäquat sind.

Für die Praxis ergibt sich aus diesen Überlegungen eine einfache Forderung: Unternehmen sollten zum einen für gute Arbeitsbedingungen (Hygiene) sorgen und zum anderen dafür, dass ihre Mitarbeiter und Mitarbeiterinnen eine befriedigende Tätigkeit ausüben können. Erst beides zusammen wird nach Herzbergs Ansicht zu hoher Arbeitsmotivation führen. Ein Hauptproblem der Zwei-Faktoren-Theorie liegt in der unzureichenden Trennschärfe von Motivatoren und Hygienefaktoren, d. h. es ist nicht immer eindeutig, ob ein Faktor eher zu den Arbeitsbedingungen zu rechnen ist oder einen Motivator darstellt (Kehr et al., 2018).

4.1.2 VIE-Theorie

Disengagement

Vrooms (1964) VIE (Valenz, Instrumentalitäten, Erwartung)-Theorie ist ein Erwartungswertmodell. Es wird, vereinfacht gesprochen, davon ausgegangen, dass eine Person dann zielbezogen handelt, wenn sie meint, das gewünschte Ergebnis durch ihr Handeln auch erreichen zu können (Wirksamkeitserwartung) und die erwarteten Handlungsergebnisse mit positiven (Valenz) Folgen (Instrumentalitäten) verbunden sind. Die einzelnen Faktoren sind multiplikativ verknüpft. Auf den Arbeitskontext bezogen bedeutet das, dass eine Person dann besonders motiviert arbeitet, wenn sie meint, ein bestimmtes, gewünschtes Ergebnis durch ihr eigenes Handeln erreichen zu können und es möglichst viele positive Folgen dieses Ergebnisses für andere wichtige Ziele der Person gibt, das Handlungsergebnis also eine hohe Nützlichkeit aufweist (z. B. mehr Gehalt, Status, Anerkennung, etc.). Das Modell eignet sich auch gut, um Verhalten zu erklären, welche auf den ersten Blick kontraintuitiv erscheint. Warum greift beispielsweise eine Person nicht oder nur unzureichend in Problemlöseversuche ein, obwohl sie mit ihrer Kenntnis durchaus einen wichtigen Beitrag dazu leisten könnte? Diese Art des Disengagements wird erst dann verständlich, wenn man sich die Folgen ansieht, die die betreffende Person von einem lösungsorientierten Beitrag erwartet. Sie könnte beispielsweise befürchten, dass sie dann auch die Verantwortung für den anschließenden Optimierungsprozess übernehmen muss, wenn sie sich schon als so kompetent geäußert hat. Da sie aber ohnehin schon das Gefühl hat, zu viel zu arbeiten, behält sie ihre gute Idee lieber für sich und spar sich lieber den Arbeitsmehraufwand.

Zu den Schwächen des Modells gehört zum einen die angenommene multiplikative Verknüpfung der drei Dimensionen Valenz, Instrumentalitäten und Erwartung, die sich empirisch als wenig valide herausgestellt hat, und zum anderen der hohe Individualisierungsgrad, d. h. die Bewertung der Handlungsfolgen und Valenzen ist hochgradig subjektiv und kann daher kaum in allgemeine praktische Vorschläge einfließen (Kehr et al., 2018). Das Modell betrachtet zudem in erster Linie den Prozess der Zielsetzung. Prozesse der Zielrealisierung (Volition), wie sie beispielsweise im Rubikon-Modell der Handlungsplanung von Heckhausen (z. B. Heckhausen & Heckhausen, 2018) vorkommen, werden nicht berücksichtigt, was ebenfalls als Schwäche des Modells angesehen werden kann.

Erwartung, Valenz und Instrumentalitäten

4.1.3 Erweitertes Erwartungswertmodell von Heckhausen

Instrumentalitäten (Handlungsfolgen) wurden auch in dem erweiterten Erwartungswertmodell von Heckhausen (1977) berücksichtigt, das gewissermaßen eine Ausdifferenzierung des Modells von Vroom darstellt. Ausgangslage hier ist die Situation, in der sich eine Person befindet. Wir werden erst dann in Betracht ziehen, zu handeln, wenn wir davon ausgehen, dass diese aktuelle Situation einen für uns unerwünschten Ausgang nimmt, wenn nicht eingegriffen wird (Situations-Ergebnis-Erwartung). Allerdings reicht das für die Handlungsinitiierung noch nicht aus. Wir müssen auch eine Vorstellung davon haben, durch welche Handlung wir die Situation in eine gewünschte

Erweitertes Erwartungswertmodell

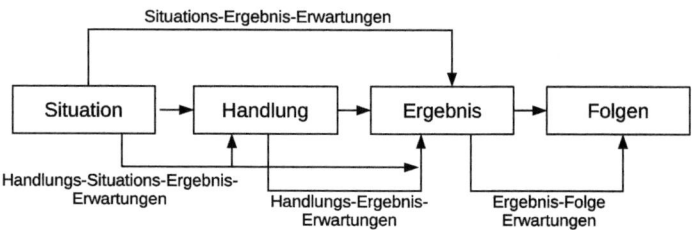

Abb. 4.2 Erweitertes Erwartungswertmodell nach Heckhausen (1977)

Richtung beeinflussen können (Handlungs-Ergebnis-Erwartung). Diese Handlungs-Ergebnis-Erwartungen sind eng mit dem Konzept der Selbstwirksamkeit (Bandura, 1979) verbunden, also der subjektiven Überzeugung, die notwendigen Kompetenzen zu besitzen, um die zielführende Handlung auch ausführen zu können und damit das gewünschte Ergebnis zu erhalten. Aber auch das ist noch keine hinreichende Bedingung für unser Handeln. Auch die erwarteten Konsequenzen (Handlungs-Folgen-Erwartungen oder eben im Vroom'schen Sinne Instrumentalitäten) der Zielerreichung sind noch zu berücksichtigen. Erst wenn auch die Folgen für relevante persönliche Ziele als positiv angesehen werden, kommt es dem Modell zufolge zum Handeln (Abb. 4.2). Wie bei dem Modell von Vroom fehlt auch hier die wichtige Differenzierung zwischen Motivation und Volition, womit sich das erweiterte Erwartungswertmodell zwar gut zur Prognose von Handlungsabsichten eignet, die Handlungsdurchführung bleibt jedoch auch hier außen vor.

4.1.4 Zielsetzungstheorie von Locke und Latham

Schwere Aufgaben motivieren

Die Zielsetzungstheorie von Locke und Latham (1990, 2013) setzt im Gegensatz zu den vorherigen Modellen an anderer Stelle, nämlich der Handlungsausführung an. Während die VIE-Theorie und das erweitere Erwartungswertmodell zu erklären versuchen, wie es überhaupt zur Handlungsinitiierung kommt, erklärt die Zielsetzungstheorie, wann Personen motiviert sind, das gewählte Ziel auch tatsächlich erreichen zu wollen. Es macht einen Unterschied, ein Ziel zu definieren (Absicht) und sich für die Zielerreichung einzusetzen (Tun). Für die Motivation zur Zielrealisierung entscheidend sind nach der Zielsetzungstheorie die Aufgabenschwierigkeit und die Zielspezifität. Schwierige, herausfordernde, aber dennoch erreichbare Ziele sind demnach motivierender als leicht zu erreichende Ziele. Das hat schon Atkinson (1957) in seiner Theorie zur Leistungsmotivation beschrieben. Für die Motivationsstärke sind dabei zum einen die Wahrscheinlichkeit bedeutsam, mit der man meint, eine Aufgabe erfolgreich abschließen zu können, und zum anderen der Anreiz, eine Aufgabe erfolgreich zu lösen. Letztere steigt wiederum mit zunehmender Aufgabenschwierigkeit an. Einfache Aufgaben erfüllen uns kaum mit Genugtuung oder gar Stolz. Locke und Latham fügen hier noch eine weitere Komponente hinzu. Ihrer Ansicht nach müssen Ziele zudem spezifisch und klar sein, vage Ziele sind nicht motivierend.

Neben diesen beiden Faktoren werden noch weitere Moderatoren und Einflussfaktoren auf die Leistungsmotivation angenommen. Herausfordernde Ziele führen dazu, dass wir uns mehr anstrengen und hartnäckiger an der Zielrealisierung arbeiten. Das hängt allerdings auch von der Zielbindung ab, also dem erlebten Verpflichtungsgrad, den wir gegenüber dem Ziel empfinden, und der Selbstwirksamkeit, also unsere Überzeugung, das Ziel auch erreichen zu können. Zudem kann sich positives Feedback, das eine Annäherung an den Zielzustand signalisiert, förderlich auf die Zielerreichungsmotivation auswirken. Zu den negativen Folgen ambitionierter Ziele gehört allerdings, dass je nach Erfüllungsgrad der Aufgabe auch Stress entstehen bzw. sich in Arbeitskontexten daraus ein immer weiter steigendes Anspruchsdenken ergeben kann, das dann auch dysfunktional werden kann (Bardes & Piccolo, 2010). Dennoch liefert die Zielsetzungstheorie einen nützlichen theoretischen Rahmen, um beispielsweise bei Zielvereinbarungsgesprächen entsprechend motivierende und erreichbare Ziele zu formulieren.

Zielvereinbarungsgespräche

> **Blick in die Praxis: SMARTe Ziele**
> Eine praktische Vorgehensweise zur spezifischen Zielformulierung ist das sogenannte SMART-Prinzip, das sich in zahlreichen Kontexten bewährt hat (z. B. Bovend'Eerdt et al., 2009). Danach sind Ziele immer dann besonders motivationsförderlich, wenn sie
> - spezifisch (*specific*), d. h. konkret,
> - bedeutsam (*meaningful*),
> - erreichbar (*achievable*)
> - realistisch (*realistic*), d. h. nicht zu leicht, nicht zu schwer, und
> - zeitlich (*timing*) klar definiert sind.
>
> Sie können ja einmal überprüfen, inwieweit wichtige Ziele, die Sie gerade verfolgen, diesen Kriterien entsprechen, und sich ggf. bemühen, diese Ziele entsprechend umzuformulieren.

4.1.5 Weitere im Arbeitskontext einsetzbare Modelle

Kausalattributionen

Es gibt noch zahlreiche andere Modelle und theoretische Konzeptionen, die ebenfalls im Arbeitskontext zur Erklärung von Arbeitsmotivation Verwendung finden. Dazu zählen die Kausalattributionen (Weiner, 1985), die dafür verantwortlich sind, auf welche Ursachen wir Handlungsergebnisse zurückführen. Wenn wir den Erfolg einer Aufgabenbearbeitung nicht bei uns selbst verorten, sondern bei einer anderen Person oder als Ergebnis von Zufall oder Glück, dann wird diese Überzeugung uns kaum dazu bringen, motiviert an die Arbeit zu gehen. Durch Kausalattributionen können wir uns selbst oder anderen oder äußeren Umständen die Urheberschaft für ein Ergebnis zuschreiben. Je nach Attribution resultiert eine andere Motivation.

Selbstbestimmungstheorie

Auch aus der Selbstbestimmungstheorie (z. B. Deci & Ryan, 1993), die ursprünglich für den pädagogischen Bereich entwickelt wurde, ergeben sich wertvolle Ableitungen für den Arbeitskontext. Im Zentrum der Theorie stehen Autonomie und intrinsische Motivation auf der einen Seite, Kontrolle und extrinsische Motivation auf der anderen Seite, wobei intrinsische Motivation die nachhaltigere und befriedigendere Motivationsform darstellt. Zwischen völlig autonomer und intrinsischer Motivation und ganz und gar external gesteuertem Verhalten können nun verschiedene Abstufungen unterschieden werden, die auch Entwicklungsstufen repräsentieren. So kann es sein, dass ursprünglich external, durch Belohnung und Bestrafung reguliertes Verhalten nach und nach in das Selbst integriert und aufgenommen wird, sodass Verhalten zunehmend internal motiviert ist. Besonders förderliche Rahmenbedingungen sind nach der Selbstbestimmungstheorie alle Maßnahmen, die die Autonomie der Beschäftigten betonen (freie Zeiteinteilung, selbstbestimmtes Lösen von Problemen, Wahlmöglichkeiten), hinderlich dagegen restriktive Bedingungen (zu viel Kontrolle, Zeitdruck, Vorschriften). Gagné et al. (2010) haben zur Erfassung der Arbeitsmotivation nach der Selbststimmungstheorie eine eigene Skala (*Motivation at Work Scale*) entwickelt.

3K-Modell

Schließlich sei noch das 3K-Modell (z. B. Kehr & Strasser, 2013; Kehr, 2014) erwähnt. Anders als die bisher vorgestellten Modelle wird hier zunächst davon ausgegangen, dass Motivation nicht durch generelle Grundbedürfnisse allein zu erklären ist, sondern auch individuelle Aspekte berücksichtigen muss. Die konkrete Motivation wird als Ergebnis von impliziten, dispositionalen Motiven (affektive Präferenzen; „Bauch"), den expliziten Motiven (kognitive Präferenzen; „Kopf") sowie den subjektiven Fähigkeiten (Wissen, Fertigkeiten; „Hand") angesehen. Die Bezeichnungen „Bauch", „Kopf" und „Hand" sind eingängig und einfach zu verstehen, was der Anwendungstauglichkeit des Modells zugutekommt. So lässt sich für eine Tätigkeit durch die Abfrage dieser drei Facetten schnell eine motivationale Klärung durchführen: Kopf: Ist mir die Tätigkeit wichtig? Bauch: Mag ich diese Tätigkeit? Hand: Kann ich die Tätigkeit gut ausführen? Je nachdem, wie diese Antworten dann ausfallen, lassen sich konkrete Unterstützungsmaßnahmen ableiten.

4.2 Arbeitszufriedenheit

Wie wir bereits an der Zwei-Faktoren-Theorie von Herzberg (1966) gesehen haben, sind Arbeitsmotivation und Arbeitszufriedenheit kaum voneinander zu trennen. Arbeitszufriedenheit taucht dabei in unterschiedlichen Funktionen auf. Zum einen kann Arbeitszufriedenheit im Sinne einer abhängigen Variable (AV) untersucht und nach Bedingungen gefragt werden, unter denen Mitarbeiter und Mitarbeiterinnen zufrieden mit ihrer Arbeit sind. Arbeitszufriedenheit kann aber auch als unabhängige Variable (UV) interessieren, wenn es beispielsweise darum geht, Mitarbeiterfluktuation bzw. Mitarbeiterbindung vorherzusagen

Arbeitszufriedenheit als AV oder UV

Allgemein lässt sich Arbeitszufriedenheit als affektive Einstellung zur Arbeit verstehen, die dann positiv ausfällt, wenn persönliche Bedürfnisse befriedigt wurden. So gesehen ist Arbeitszufriedenheit das Ergebnis von Arbeitsmotivation (Nerdinger, 2019). Diese Bedürfnisse können sich auf vielfältige Bereiche beziehen, auf den Inhalt der Tätigkeit, die Rahmenbedingungen, soziale Beziehungen, Bezahlungen, Wertschätzung, etc.

> **Wie zufrieden sind Sie mit Ihrer Arbeit?**
> Kurzform des Fragebogens zur Erfassung der Arbeitszufriedenheit von Fischer und Lück (1972):
>   Bitte denken Sie an Ihre Arbeit und urteilen Sie spontan.
>   1. Meine Arbeit macht mir wenig Spaß, aber man sollte nicht allzu viel erwarten.
>
> [ ] richtig [ ] ziemlich richtig [ ] weder richtig noch falsch [ ] ziemlich falsch [ ] falsch

2. Ich habe richtig Freude an der Arbeit.

[ ] richtig [ ] ziemlich richtig [ ] weder richtig noch falsch [ ] ziemlich falsch [ ] falsch

3. Meine Arbeit läuft immer im gleichen Trott; daran kann man nichts machen.

[ ] richtig [ ] ziemlich richtig [ ] weder richtig noch falsch [ ] ziemlich falsch [ ] falsch

1. Was meinen Sie: Würden Sie, insgesamt gesehen, sagen, dass Ihre Arbeit wirklich interessant und befriedigend ist?

[ ] ja, sehr interessant [ ] ziemlich interessant [ ] weder interessant noch uninteressant [ ] ziemlich uninteressant [ ] sehr uninteressant

2. Gibt Ihnen Ihre Arbeit genügend Möglichkeiten, Ihre Fähigkeiten zu gebrauchen?

[ ] ja, sehr viele Möglichkeiten [ ] ziemlich viele Möglichkeiten [ ] weder noch [ ] ziemlich wenige Möglichkeiten [ ] sehr wenige Möglichkeiten

3. Sind Sie mit Ihren Aufstiegsmöglichkeiten zufrieden?

[ ] ja, sehr zufrieden [ ] ziemlich zufrieden [ ] weder unzufrieden noch zufrieden [ ] ziemlich unzufrieden [ ] sehr unzufrieden

4. Sind Sie mit dem Arbeitstempo zufrieden?

[ ] ja, sehr zufrieden [ ] ziemlich zufrieden [ ] weder unzufrieden noch zufrieden [ ] ziemlich unzufrieden [ ] sehr unzufrieden

5. Wenn Sie noch einmal zu entscheiden hätten, würden Sie dann den gleichen Beruf wieder wählen?

[ ] ja, ganz sicher [ ] ziemlich sicher [ ] weder noch [ ] ziemlich sicher nicht [ ] ganz sicher nicht

Von links nach rechts, Antwort 1 = 5, Antwort 2 = 4, Antwort 3 = 3, Antwort 4 = 2, Antwort 5 = 1.

Die Rohwerte werden durch Addition der Punktwerte der acht Fragen errechnet. In der Stichprobe von Fischer und Lück (1972) werden folgende Normwerte angegeben: Rohmittelwert Frauen = 25, Standardabweichung 8; Rohmittelwert Männer = 25, Standardabweichung 9; Rohmittelwert Angestellte = 29, Standardabweichung 7; Rohmittelwert Arbeiter = 21, Standardabweichung 7.

Für die Erfassung der Arbeitszufriedenheit gibt es zahlreiche Verfahren. Sie kann beispielsweise summarisch über eine Ein-Item-Frage („Wie zufrieden sind Sie alles in allem mit Ihrer beruflichen Tätigkeit?", Kanning, 2022) erfasst werden oder über mehrdimensionale Skalen. Häufig eingesetzt wird auch die „Skala zur Messung von Arbeitszufriedenheit" (SAZ), die als Kurz- und Langform von Fischer und Lück (1972) entwickelt wurde. Der SAZ berücksichtigt neben allgemeinen Fragen zur Arbeitszufriedenheit noch spezifische weitere Aspekte, etwa die Möglichkeit zur Selbstverwirklichung, die Zufriedenheit mit der Bezahlung, Aufstiegsmöglichkeiten, das Führungsverhalten oder die psychischen und physischen Reaktionen auf die Arbeitssituation. Auch der „Arbeitsbeschreibungsbogen" (ABB) von Neuberger und Allerbeck (1978) wird häufig verwendet. Der ABB basiert auf dem *Job Descriptive Index* (Smith et al., 1969) und berücksichtigt neben verschiedenen Dimensionen der Arbeitszufriedenheit (Kollegen, Vorgesetzte, Tätigkeit, Arbeitsbedingungen, Organisation und Leitung, Entwicklung, Bezahlung, Arbeitszeit, Arbeitsplatzsicherheit) noch die Beurteilung der Gesamtzufriedenheit sowie die Beurteilung der Lebenszufriedenheit.

Arbeitsbeschreibungsbogen

Ein generelles Problem bei der Erfassung der Arbeitszufriedenheit über mehrere Aspekte ist, dass man sich zuvor für diese Aspekte entscheiden muss, ohne jedoch zu wissen, ob die ausgewählten Bereiche für alle Beteiligten die entscheidenden für ihre Arbeitszufriedenheit sind. So könnte es sein, dass eine Person beispielsweise mit allen den Aspekten, wie sie im ABB erfasst werden, zufrieden ist, aber aufgrund der schlechten Erreichbarkeit der Arbeitsstätte am Ende doch unzufrieden mit ihrer Arbeit ist. Ein weiteres Problem besteht darin, dass man verstehen möchte, zu welchem Zeitpunkt man die Arbeitszufriedenheit erfasst. Sind die Angaben der Personen das Ergebnis (un-)zufriedenstellender Bedingungen oder bereits das Ergebnis von individuellen Anpassungsleistungen? Je nach Perspektive ergeben sich daraus unterschiedliche Handlungs- und Interventionsoptionen. Vor allem diesen Punkt versucht das differenzierte Prozessmodell der Arbeitszufriedenheit von Bruggemann (1974) (es ist auch als Zürcher Modell der Arbeitszufriedenheit bekannt) zu berücksichtigen. Arbeitszufriedenheit ist hier das Ergebnis von permanenten Ist-Soll-Vergleichen zwischen den eigenen Bedürfnissen und Erwartungen (Soll) und den faktischen Realisierungsmöglichkeiten (Ist). Je nach Ausgang dieses Vergleichs resultieren verschiedene Formen der Arbeitszufriedenheit bzw. Arbeitsunzufriedenheit. Arbeitszufriedenheit/Arbeitsunzufriedenheit sind das Ergebnis von Regulationsprozessen, die entweder an der Veränderung des Ist-Zustandes ansetzen oder an der Sen-

Arbeitszufriedenheit als Ergebnis von Anpassung?

Prozessmodell der Arbeitszufriedenheit

kung des Anspruchsniveaus (Soll). Dies ist insofern von Bedeutung, als dass eine quantitative Erfassung der Arbeitszufriedenheit womöglich zu einer falschen Schlussfolgerung verleitet, die Beschäftigten also nur deswegen angeben, zufrieden zu sein, weil sie sich bereits an die ungünstigen Bedingungen angepasst haben. Bruggemann plädiert daher für eine auch qualitative Beurteilung der Arbeitszufriedenheit.

Das Modell (◘ Abb. 4.3) geht von insgesamt vier Formen der Arbeitszufriedenheit und zwei Formen der Arbeitsunzufriedenheit aus. Eine *stabilisierende Arbeitszufriedenheit* ergibt sich, wenn die faktischen Möglichkeiten der Erwartung des Arbeitstätigen entsprechen. Diese lässt sich weiter differenzieren. Bleibt das Anspruchsniveau gleich, kommt es zur *stabilisierten Arbeitszufriedenheit*, wird das Anspruchsniveau erhöht, zur *progressiven Arbeitszufriedenheit*. Können die Erwartungen allerdings unter den gegebenen Umständen nicht erfüllt werden (negative Ist-Soll-Diskrepanz), dann folgt daraus zunächst eine *diffuse Unzufriedenheit*. Wird dann das Anspruchsniveau gesenkt, resultiert dagegen die *resignative Arbeitszufriedenheit*. Wird das Anspruchsniveau aufrechterhalten, kann das zu einer *Pseudo-Arbeitszufriedenheit* führen, die z. B. das Ergebnis von Beschönigungen und Wahrnehmungsverzerrungen sein kann. Von *konstruktiver Arbeitsunzufriedenheit* wird dann gesprochen, wenn die bestehende Ist-Soll-Diskrepanz zu weiteren Problemlöseversuchen führen. Werden keine Problemlöseversuche unternommen, resultiert dies jedoch in einer *fixierten Arbeitsunzufriedenheit*.

Das Modell von Bruggemann wurde später von Büssing (1991) um die Variable Kontrollierbarkeit erweitert. Ein Instrument zur Erfassung der Arbeitszufriedenheitstypen sowie eine Modellvervollständigung wurde von Ferreira (2009) unternommen.

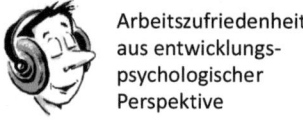

Arbeitszufriedenheit aus entwicklungspsychologischer Perspektive

4.2 · Arbeitszufriedenheit

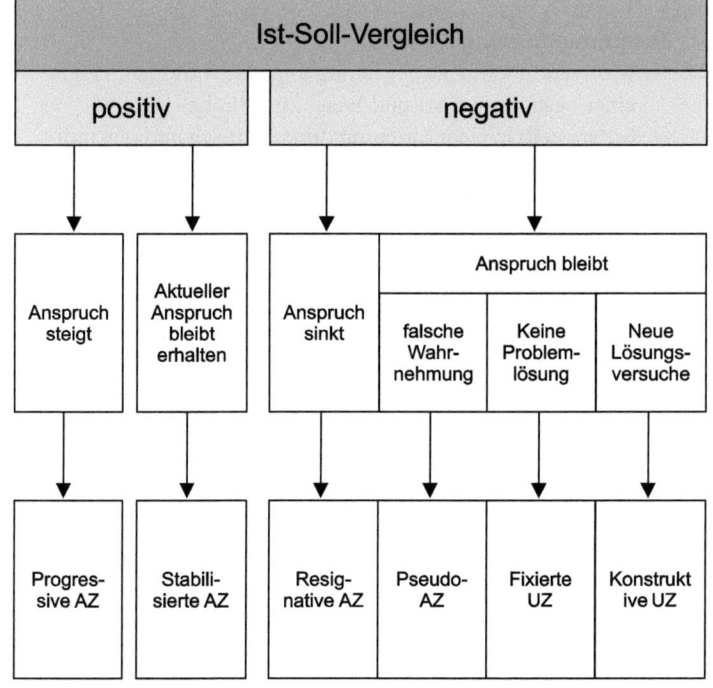

Abb. 4.3 Formen der Arbeitszufriedenheit (AZ)/Arbeitsunzufriedenheit (UZ) nach Bruggemann

❓ Prüfungsfragen

1. Was kann man allgemein unter Motivation verstehen und was unter Arbeitsmotivation?
2. Erläutern Sie die Grundzüge der Zwei-Faktoren-Theorie und nehmen Sie kritisch Stellung dazu.
3. Wie kann man anhand der VIE-Theorie Arbeitsmotivation erklären?
4. Was versteht man unter Instrumentalitäten?
5. Erläutern Sie das erweiterte Erwartungswertmodell von Heckhausen an einem konkreten Beispiel.
6. Was sind die Grundaussagen der Zielsetzungstheorie? Nehmen Sie dazu kritisch Stellung.
7. Wie müssen Ziele nach dem SMART-Prinzip formuliert werden?
8. Erläutern sie die Grundzüge der Selbstbestimmungstheorie.
9. Was versteht man in dem 3K-Modell unter Kopf, Bauch und Hand?
10. Erläutern sie das Zürcher Modell der Arbeitszufriedenheit näher.

Zusammenfassung
- Motivation kann als ein Drang angesehen werden, uns in einer bestimmten Art und Weise zu verhalten.
- Sie entsteht in einer Situation durch Anreize und den individuellen Bedürfnissen, Zielen und Motiven.
- Nach der Zwei-Faktoren-Theorie sind Zufriedenheit und Unzufriedenheit zwei unabhängige Dimensionen.
- Die Zwei-Faktoren-Theorie unterscheidet Motivatoren und Hygienefaktoren.
- Die VIE-Theorie ist ein Erwartungswertmodell und erklärt motiviertes Handeln anhand der drei Faktoren Erfolgserwartung, Valenz und Instrumentalität.
- Im erweiterten Erwartungswertmodell von Heckhausen werden Situations-Ergebnis-Erwartungen, Handlungs-Ergebnis-Erwartungen und Ergebnis-Folge-Erwartungen unterschieden.
- Nach der Zielsetzungstheorie motivieren v. a. schwere und spezifische Ziele.
- Spezifische Ziele lassen sich nach dem SMART-Prinzip formulieren.
- Kausalattributionen sind für die Selbstzuschreibung von Handlungskompetenzen wichtig.
- Nach der Selbstbestimmungstheorie ist Autonomie ein wichtiger motivierender Faktor.
- Das 3K-Modell differenziert nach affektiven, kognitiven und behavioralen Aspekten der Arbeitsmotivation.
- Arbeitszufriedenheit kann als UV oder AV betrachtet werden.
- Das Zürcher Modell der Arbeitszufriedenheit bietet eine sehr differenzierte Betrachtung von Arbeitszufriedenheit.

Schlüsselbegriffe

Arbeitsmotivation, Arbeitszufriedenheit, Aufgabenschwierigkeit, 3K-Modell, Erwartungswertmodell, Hygienefaktoren, Instrumentalitäten, intrinsische Motivation, Kausalattributionen, Motivation, Motivatoren, Selbstbestimmungstheorie, SMART, Zwei-Faktoren-Theorie, Zielsetzungstheorie, Zielspezifität, Zürcher Modell der Arbeitszufriedenheit

Literatur

Atkinson, J. W. (1957). Motivational determinants of risk-taking behavior. *Psychological Review, 64*(6), 359–372.

Bak, P. M. (2019). *Lernen, Motivation und Emotion. Allgemeine Psychologie II – das Wichtigste, prägnant und anwendungsorientiert.* Springer.

Bandura, A. (1979). *Sozial-kognitive Lerntheorie.* Klett.

Bardes, M., & Piccolo, R. F. (2010). Goal setting as an antecedent of destructive leader behaviors. In B. Schyns & T. Hansbrough (Hrsg.), *When leadership goes wrong: Destructive leadership, mistakes and ethical failures* (S. 3–22). Information Age Publishing.

Bovend'Eerdt, T. J., Botell, R. E., & Wade, D. T. (2009). Writing SMART rehabilitation goals and achieving goal attainment scaling: A practical guide. *Clinical Rehabilitation, 23*(4), 352–361.

Bruggemann, A. (1974). Zur Unterscheidung verschiedener Formen von „Arbeitszufriedenheit". *Arbeit und Leistung, 28*, 281–284.

Büssing, A. (1991). Struktur und Dynamik von Arbeitszufriedenheit: Konzeptuelle und methodische Überlegungen zu einer Untersuchung verschiedener Formen von Arbeitszufriedenheit. In L. Fischer (Hrsg.), *Arbeitszufriedenheit* (S. 85–113). Verlag für angewandte Psychologie.

Deci, E. L., & Ryan, R. M. (1993). Die Selbstbestimmungstheorie der Motivation und ihre Bedeutung für die Pädagogik. *Zeitschrift für Pädagogik, 39*(2), 223–238.

Ferreira, Y. (2009). FEAT – Fragebogen zur Erhebung von Arbeitszufriedenheitstypen. *Zeitschrift für Arbeits- und Organisationspsychologie A&O, 53*(4), 177–193.

Fischer, L., & Lück, H. E. (1972). Entwicklung einer Skala zur Messung von Arbeitszufriedenheit (SAZ). *Psychologie und Praxis, 16*, 64–76.

Gagné, M., Forest, J., Gilbert, M.-H., Aubé, C., Morin, E., & Malorni, A. (2010). The motivation at work scale: Validation evidence in two languages. *Educational and Psychological Measurement, 70*(4), 628–646.

Heckhausen, H. (1977). Achievement motivation and its constructs: A cognitive model. *Motivation and Emotion, 1*(4), 283–329.

Heckhausen, J., & Heckhausen, H. (2018). *Motivation und Handeln* (5. Aufl.). Springer.

Herzberg, F. I. (1966). *Work and the Nature of Man.* World.

Kanning, U. (2022). Untersuchung einer Ein-Item-Skala zur Messung der Arbeitszufriedenheit. *Wirtschaftspsychologie, 22*(3), 21–34.

Kehr, H., & Strasser, M. (2013). Motivierende Mitarbeiterführung – Gezielt motivieren mit dem 3K-Modell. In K. Häring & S. Litzcke (Hrsg.), *Führungskompetenzen lernen: Eignung, Entwicklung, Aufstieg* (2, S. 267–287). Schäffer-Poeschel.

Kehr, H. M. (2014). Das 3 K-Modell der Motivation. In J. Felfe (Hrsg.), *Psychologie für das Personalmanagement: Bd. 27. Trends der psychologischen Führungsforschung. Neue Konzepte, Methoden und Erkenntnisse* (S. 103–116). Hogrefe.

Kehr, H. M., Strasser, M., & Paulus, A. (2018). Motivation und Volition im Beruf und am Arbeitsplatz. In J. Heckhausen & H. Heckhausen (Hrsg.), *Motivation und Handeln* (5. Aufl., S. 593–614). Springer.

Locke, E. A., & Latham, G. P. (1990). *A theory of goal setting & task performance.* Prentice-Hall, Inc.

Locke, E. A., & Latham, G. P. (2013). *New developments in goal setting and task performance.* Routledge.

Neuberger, O., & Allerbeck, M. (1978). *Messung und Analyse von Arbeitszufriedenheit: Erfahrungen mit dem „Arbeitsbeschreibungsbogen (ABB)".* Huber.

Nerdinger, F. W. (2019). Arbeitsmotivation und Arbeitszufriedenheit. In F. W. Nerdinger, G. Blickle, & N. Schaper (Hrsg.), *Arbeits- und Organisationspsychologie* (4. Aufl., S. 463–486). Springer.

Rheinberg, F., & Vollmeyer, R. (2012). *Motivation* (8. Aufl.). Kohlhammer.

Smith, P., Kendall, L., & Hulin, C. (1969). *The measurement of satisfaction in work and retirement: A strategy for the study of attitudes.* Rand McNally.

Vroom, V. H. (1964). *Work and motivation.* John Wiley & Sons.

Weiner, B. (1985). An attributional theory of achievement motivation and emotion. *Psychological Review, 92*(4), 548–573.

Stress und Arbeitsbelastungen

Inhaltsverzeichnis

5.1 Stress in der Arbeitswelt – 78

5.2 Transaktionales Stressmodell – 79

5.3 Anforderungs-Kontroll-Modell – 81

5.4 Anforderungs-Ressourcen-Modell – 83

5.5 Weitere arbeitsbezogene Stressmodelle – 83

5.6 Erholung und Freizeit – 85

Literatur – 90

© Der/die Autor(en), exklusiv lizenziert an Springer-Verlag GmbH, DE,
ein Teil von Springer Nature 2024
P. M. Bak, *Arbeits- und Organisationspsychologie*, Angewandte Psychologie Kompakt,
https://doi.org/10.1007/978-3-662-68597-6_5

🎓 Lernziele

- Allgemein erklären können, was Stress ist
- Das Allgemeine Anpassungssyndrom kennen und beschreiben können
- Die Stressentstehung im Arbeitskontext erklären können
- Das Transaktionale Stressmodell nach Lazarus erläutern können
- Das Anforderungs-Kontroll-Modell erläutern können
- Das Anforderungs-Ressourcen-Modell erläutern können
- Das Modell der beruflichen Gratifikationskrisen kennen
- Folgen von Stress im Arbeitskontext kennen
- Erholung und Freizeit als Begriffe erläutern können
- Verschiedene Hypothesen zum Zusammenhang von Arbeit und Freizeit kennen

Einführung

Arbeit, selbst wenn sie sinnstiftend und mit viel Freude und Motivation ausgeführt wird, kann auch belastend sein bzw. unsere Möglichkeiten überschreiten, unseren Körper und Geist überbeanspruchen und uns krank machen (Nixon et al., 2011). Dies scheint in den letzten Jahren sogar zunehmend der Fall zu sein, betrachtet man die Zahl an Arbeitsunfähigkeitstagen als Indiz dafür. Im Jahr 2019 lagen diese nach Angaben der Techniker Krankenkasse (2020) in Deutschland bei 15,4 Tagen, die häufigsten Diagnosen fielen dabei auf psychische Störungen (◘ Abb. 5.1). Als Hauptursache dafür wird wiederum Stress angesehen. Stress kann allgemein als ein Geschehen beschrieben werden, bei dem als Reaktion auf eine Belastung oder starke Beanspruchung (Stressoren) körperliche und/oder psychische Veränderungen stattfinden, die als unangenehmer Spannungszustand empfunden werden und das Wohlbefinden stören, bei längerer Dauer sogar schädigen können (zum Überblick vgl. z. B. Cooper & Dewe, 2008). Stress ist aber nicht per se schlecht. Das hat bereits Walter B. Cannon (1914) in seinen Tierexperimenten beobachten können. In (lebensbedrohlichen) Gefahrensituationen werden Adrenalin und Blutzucker ausgeschüttet, was den Organismus schlagartig und mit maximaler körperlicher Energie versorgt und ihn so für ein überlebenssicherndes Verhalten vorbereitet. Erst wenn der Organismus im Dauerstress ist, wird dies zu einer ernst zu nehmenden Belastung.

Stress und Arbeitsbelastungen

◘ Abb. 5.1 Chefs können ganz schön stressen (© Kateryna Naegler)

Es gibt zahlreiche Modelle und Theorien zur Stressgenese. So kann Stress als körperlicher Zustand beschrieben werden (Selye, 1956), die psychische Dimension im Vordergrund stehen (Lazarus, 1966; Hobfoll, 1988) oder die sozialstrukturellen Bedingungen, die zur Entstehung von Stress führen, untersucht werden (Pearlin, 1989). Im Arbeitskontext haben sich insbesondere das transaktionale Modell von Lazarus (1966), das Anforderungs-Kontroll-Modell von Karasek und Theorell (1990) und das Person-Umwelt-Fit-Modell von Edwards, Caplan und van Harrison (1998) als nützlich zur Vorhersage, Erklärung und Modifikation stressreicher Arbeitsbedingungen erwiesen. Schauen wir uns diese Modelle etwas näher an, nachdem wir zunächst noch einen genaueren Blick auf das Stresskonzept selbst geworfen haben.

Dauerstress ist schädlich

5.1 Stress in der Arbeitswelt

Stressoren

Stress ist Dauerthema in Medizin und Psychologie. Dementsprechend gibt es zahlreiche und kaum noch zu überblickende Forschungen, Konzepte und Modelle dazu, die wir an dieser Stelle nicht darstellen können (eine vertiefende, historisch angelegte Darstellung findet sich z. B. bei Cooper & Dewe, 2008). Allgemein können wir Stress als eine Reaktion auf belastende Einflüsse begreifen, die sowohl unseren Körper wie unser psychisches System (Kognition, Emotion, Motivation) und unsere zwischenmenschlichen und sozialen Bereiche betrifft (Hobfol, 1988). Stress kann dabei aus ganz unterschiedlichen Gründen wegen psychischer oder physischer Belastungen entstehen. McGrath (1981) nennt beispielsweise drei Faktoren, nämlich erstens solche, die sich aus dem materiell-technischen Umfeld ergeben wie etwa Zeitdruck, Termindruck, Lärm etc., zweitens soziale Faktoren, z. B. Konflikte mit Familie, Freunden, und drittens personale Faktoren wie z. B. Persönlichkeitsmerkmale, individuelle Erfahrungen, etc. Allgemein werden stressauslösende Faktoren auch als Stressoren bezeichnet. Im Arbeitskontext lassen sich z. B. folgende Stressoren identifizieren (Richter & Hacker, 1998):

- Belastungen durch die Arbeitsaufgabe: Zeitdruck, unklare Aufgabenstellung, zu hohe Anforderungen, Störungen, etc.
- Belastungen durch die Arbeitsrolle: fehlende Anerkennung, Konkurrenz, fehlende soziale Unterstützung
- Belastungen der materiellen Umgebung: Umweltbedingungen wie Hitze, Lärm, Staub, etc.
- Belastungen der sozialen Umgebung: Betriebsklima, Informationsmangel, häufiger Umgebungswechsel
- Belastungen des Verhaltenskontexts (*behavioral setting*): Isolation, Dichte (Zusammengedrängtheit)
- Belastungen aufgrund personaler Merkmale: Angst vor negativen Sanktionen, ineffiziente Handlungsweisen, fehlende Eignung oder Berufserfahrung, etc.

Allgemeines Anpassungssyndrom

Wie nun angesichts solcher Stressoren Stress entstehen kann, erklärt beispielsweise das Stressmodell von Selye (1956) und die Beschreibung des allgemeinen Anpassungssyndroms (*general adaption syndrome*). Danach führt die Konfrontation mit einem Stressor zunächst und wie bereits von Cannon (1914) beobachtet, zu einer Alarmreaktion, bei der der Körper mit einer kurzfristig erhöhten Aktivität und Leistungsbereitschaft reagiert, was ihn in der Widerstandsphase zur Beseitigung des Stressors befähigen soll. Dauert dieser Widerstand jedoch län-

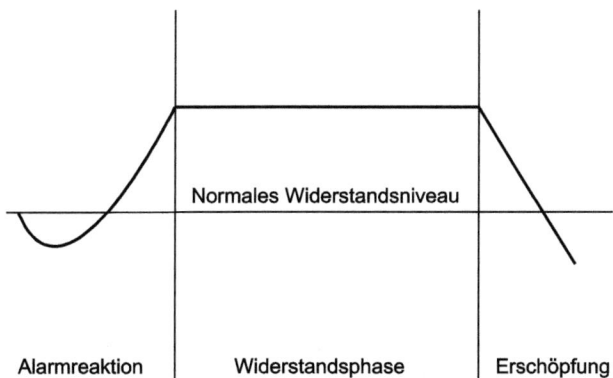

Abb. 5.2 Allgemeines Anpassungssyndrom nach Selye (1956)

ger an, kann dies den Organismus erschöpfen und nachhaltig schädigen (Erschöpfungsphase) (Abb. 5.2).

Wird Stress in dem Modell von Selye vor allem auf die körperlichen Reaktionen hin untersucht, haben sich später eher psychische Modelle der Stressentstehung als bedeutsam herausgestellt. Das bekannteste dieser Modelle ist die transaktionale Stresstheorie von Lazarus (1966).

5.2 Transaktionales Stressmodell

Die transaktionale Stresstheorie von Lazarus (1966; Folkman & Lazarus, 1980) erklärt Stress nicht allein durch das Vorliegen von Stressoren, also externalen Randbedingungen (Lärm, psychische und physische Anforderungen), sondern als das Ergebnis der Beziehung zwischen der Person und ihrer Umwelt (die Transaktion). Stress entsteht dann, wenn die Person ihre Umwelt als so belastend wahrnimmt und meint, dass eine angemessene Reaktion darauf ihre Möglichkeiten überschreitet. Entscheidend für die Entstehung von Stress ist demnach die subjektive Einschätzung der Person, ob sie sich in der Lage dazu sieht, die Anforderungen meistern zu können (Abb. 5.3).

Es werden verschiedene Bewertungsprozesse angenommen. Zunächst wird die aktuelle Situation danach bewertet, ob diese das Wohlergehen beeinflussen kann. Das Resultat dieser Einschätzung kann sein, dass die Gegebenheiten der Situation für die betreffende Person irrelevant sind. Die Situation kann aber auch positive Folgen versprechen oder als belastend eingeschätzt werden (primäre Bewertung). Stress kann nur im letzten Fall entstehen. In der sekundären Bewertung schätzt die Person ein, welche Möglichkeiten und Ressourcen sie besitzt, um mit der wahrgenommenen Belastung zurechtzu-

Primäre und sekundäre Bewertung

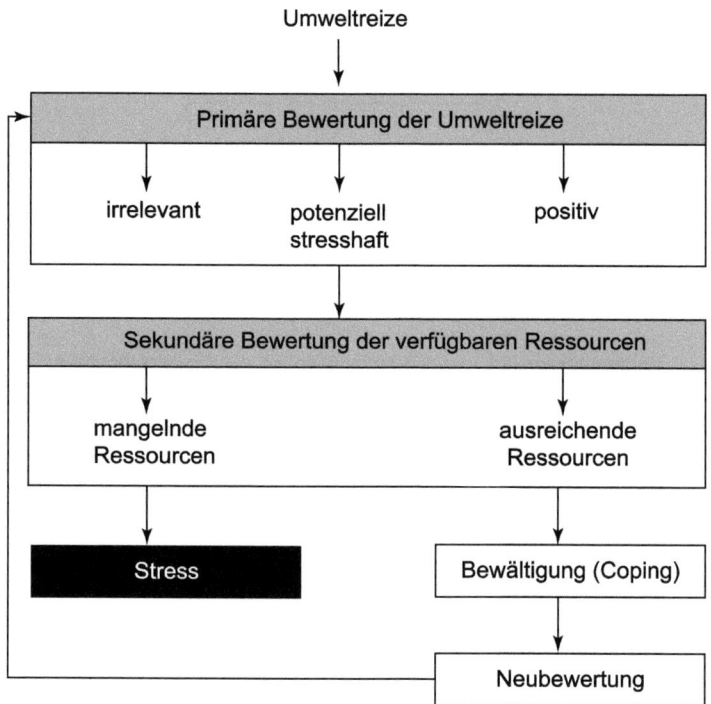

Abb. 5.3 Transaktionales Stressmodell von Lazarus. (Vereinfachte Darstellung)

kommen. Gegebenenfalls beginnt sie mit ihren Bewältigungsbemühungen (Coping) und wird dabei immer wieder prüfen, wo sie sich im Bewältigungsprozess befindet und ob sie noch mehr in die Bewältigung investieren muss bzw. ob sich die Belastung bereits reduziert oder aufgelöst hat. Bei der Bewältigung wird noch zwischen instrumenteller Bewältigung (der Stressor wird beseitigt) und emotionsorientierter Bewältigung (Stressreduktion z. B. durch kognitive Umdeutung oder Emotionsregulation) unterschieden.

Das transaktionale Stressmodell hat sich in vielen Kontexten zur Vorhersage und Modifikation von stressbedingten Belastungen bewährt, auch im Arbeitskontext. Da Stress als das Ergebnis von Interpretationsvorgängen angesehen wird, zu denen auch Wahrnehmungsmuster oder Attributionsstile und andere Interpretationsgewohnheiten gehören, lassen sich durch entsprechende Übungen und Trainings (z. B. das Stressimpfungstraining von Meichenbaum, 2012) auch gut stressreduzierende Interventionen ableiten.

5.3 · Anforderungs-Kontroll-Modell

> **Stressimpfungstraining**
>
> Das Stressimpfungstraining von Meichenbaum (2012) ist eine Präventionsmaßnahme, die bei den teilnehmenden Personen zu einer gesteigerten Widerstandsfähigkeit gegenüber stresshaften Ereignissen führen soll. Das Programm, das in Gruppensitzungen durchgeführt wird, läuft in drei Phasen ab. In der ersten, der Informationsphase, sollen die Teilnehmer erkennen und lernen, in welchen Situationen und unter welchen Bedingungen bei ihnen Stress entsteht. Zudem werden die grundlegenden Prozesse der Stressentstehung nach der transaktionalen Stresstheorie nach Lazarus vermittelt. Auf diese Weise lernen die Teilnehmer, dass sie selbst Einfluss darauf haben, ob Stress entsteht oder ausbleibt. In der darauffolgenden zweiten Phase werden Bewältigungsstrategien erlernt, insbesondere Entspannungsübungen, kognitive Umdeutungen oder problemlösende Selbstinstruktionen. Außerdem wird gelernt, was zu tun ist, wenn sich dennoch Stresserleben einstellt. In der dritten und letzten Phase geht es darum, das Gelernte in realen Situationen anzuwenden.

Neben dem allgemeinen Stressmodell von Lazarus gibt es aber auch arbeitsspezifische Modelle der Stressgenese, wie beispielsweise das Anforderungs-Kontroll-Modell oder das Anforderungs-Ressourcen-Modell. Betrachten wir diese genauer.

5.3 Anforderungs-Kontroll-Modell

Nimmt im Stressmodell von Lazarus die individuelle und subjektive Situations- und Bewältigungsbewertung eine zentrale Rolle ein, fokussiert das Anforderungs-Kontroll-Modell (Karasek & Theorell, 1990; Karasek, 1979) eher auf Randbedingungen der Arbeit selbst und deren potenzielle stressinduzierende Wirkung. Dies hat den Vorteil, dass ich dementsprechende Vorkehrungen treffen kann, ohne auf die subjektiven Bewertungen angewiesen zu sein. Es werden zwei Dimensionen zur Beschreibung einer Arbeitssituation unterschieden. Zum einen die Anforderungen der Tätigkeit (Zeitdruck, Arbeitsmenge, etc.) und zum anderen der Handlungsspielraum (Komplexität, Einflussmöglichkeiten, etc.) (◘ Abb. 5.4).

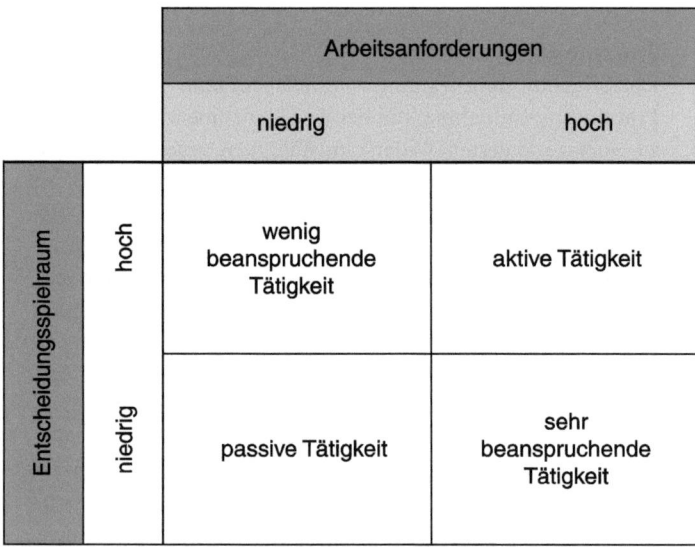

◘ **Abb. 5.4** Anforderungs-Kontroll-Modell nach Karasek und Theorell 1990

Soziale Faktoren und Selbstwirksamkeit

Die Grundidee ist, ähnlich wie im Person-Umwelt-Passungsmodell (*person-environment-fit model*; Edwards et al., 1998), dass sich Stress aus der Wechselwirkung aus Anforderungen einerseits und Handlungsmöglichkeiten andererseits ergeben kann. Dabei ist insbesondere die Kombination aus hohen Anforderungen und geringer Kontrolle besonders belastend. Bestehen dagegen bei hohen Anforderungen auch Handlungsspielräume, so wird dies eher als anregend und herausfordernd erlebt. Liegen dagegen zwar geringe Einflussmöglichkeiten, aber auch geringe Anforderungen vor, so führt dies eher zu (unbefriedigender) Passivität. Geringe Anforderung und hohe Kontrolle führt zu wenig Aktivation, aber auch zu wenig gesundheitlichen Beeinträchtigungen. Studien zur empirischen Validierung des Modells zeigen einerseits den bedeutsamen Zusammenhang der beiden Dimensionen, weisen aber auch darauf, dass das Modell der Komplexität und Wechselwirkung zwischen personalen und situativen Faktoren nicht gerecht wird und weitere Einflussfaktoren berücksichtigt werden müssen, insbesondere etwa soziale Unterstützung (*demand-control-support model*, de Lange et al., 2003), Selbstwirksamkeit (Richter, 2004) oder auch individuelle Ressourcen, Ressourcen der Arbeit selbst und Risikofaktoren (Demerouti et al., 2001).

5.4 Anforderungs-Ressourcen-Modell

Das Anforderungs-Ressourcen-Modell (*job demands-resources model;* Demerouti et al., 2001; Bakker & Demerouti, 2017; Demerouti & Nachreiner, 2019) erweitert das Anforderungs-Kontroll-Modell und möchte insbesondere klären, wann sich die Wechselwirkung zwischen Arbeitsanforderungen und Arbeitsressourcen entweder negativ als Stress und bis hin zu Burnout auswirken können oder positiven Einfluss im Sinne des Arbeitsengagements haben. Als Arbeitsanforderungen werden auch bei diesem Modell psychische (Zeit, inhaltliche Anforderungen) und physische Belastungen (Lärm, Schmutz, etc.) angesehen. Arbeitsressourcen werden als physische, psychische und organisatorische Arbeitsbedingungen bezeichnet, die „(1) funktional für das Erreichen der arbeitsbezogenen Ziele sind, (2) Arbeitsanforderungen und damit zusammenhängende physische und psychische Kosten reduzieren und (3) persönliches Wachstum und persönliche Entwicklung stimulieren" (Demerouti & Nachreiner, 2019, S. 121). Ressourcen beziehen sich dabei sowohl auf die Organisation, die Aufgabe, ihre Ausführungsbedingungen, zwischenmenschlichen Beziehungen und personale Ressourcen. Es wird nun angenommen, dass hohe oder schlecht gestaltete Arbeitsanforderungen langfristig zu Erschöpfung führen, weil individuelle physische und psychische Ressourcen aufgebraucht werden, wenn es keine Erholungsmöglichkeiten gibt. Darüber hinaus wird angenommen, dass ein Mangel an Arbeitsressourcen das Erreichen von Arbeitszielen behindern kann und dadurch Frustration auslösen kann. Dies wiederum verhindert Motivation und führt langfristig zu einer Distanzierung von der Arbeit oder gar Zynismus. Umgekehrt resultiert Arbeitsengagement dann, wenn die Person die Aufgaben und gesetzten Ziele mit den vorhandenen Ressourcen erreicht.

Erschöpfung und Frustration

5.5 Weitere arbeitsbezogene Stressmodelle

Die Bedeutung von Ressourcen bei der Entstehung von Stress wird auch in dem Ressourcenmodell von Hobfol (1988) betont. Sein Modell der Ressourcenerhaltung (*model of conservation of resources*) geht dabei von der grundlegenden Annahme aus, dass Menschen die Qualität und Quantität ihrer Ressourcen erhalten möchten. Ressourcenverluste wiegen darüber hinaus schwerer als Ressourcengewinne. Ressourcen sind nach Hobfoll alle wertvollen Objekte, persönlichen Merkmale, Bedingungen oder Energien des Individuums bzw. die Mittel zur Erreichung dieser Objekte, Merkmale, Bedingungen und

Ressourcengewinn vs. Ressourcenverlust

Energien (Hobfoll, 1988, S. 26). Stress ergibt sich nach dem Modell immer dann, wenn ein Nettoverlust an Ressourcen droht, wenn der Nettoverlust eingetreten ist oder wenn es keinen Ressourcengewinn gibt, nach dem Ressourcen eingesetzt wurden.

> **Blick in die Praxis: Burnout**
> Im Zusammenhang mit Stress am Arbeitsplatz fällt auch häufig der Begriff des Burnout-Syndroms. Auch wenn es nach wie vor keine einheitliche Definition von Burnout gibt, können wir Burnout allgemein als einen Zustand chronischer Erschöpfung verstehen. Menschen fühlen sich emotional erschöpft und überfordert, entwickeln eine negative und gefühllose, gar zynische Einstellung gegenüber anderen und erleben Leistungseinbußen und Selbstwertprobleme (Maslach & Jackson, 1984; vgl. auch Maslach & Leiter, 2016). Zu den mit dem Burnout-Syndrom einhergehenden Störungen gehören u. a. Depressionen, Schlafstörungen und auch typische (stressassoziierte) körperliche Symptome wie Herz-Kreislauf-Probleme. Zu den häufig eingesetzten Verfahren zur Burnout-Diagnostik zählen das Maslach Burnout Inventory (MBI; Maslach & Jackson, 1986) und die Burnout-Skalen (BOSS; Hagemann & Geuenich, 2009).

Schließlich sei noch auf das Modell der beruflichen Gratifikationskrisen (*Effort-Reward-Imbalance*-Modell; z. B. Siegrist, 2015; 2016) hingewiesen. Stress entsteht hier durch das Missverhältnis von persönlichem Einsatz und erhaltener Belohnung. Für eine Person wirkt es sich immer dann ungünstig aus, wenn sie sich einerseits für die Arbeit in Form von Engagement, Zeit, Wissen, etc. einsetzt, sich aber andererseits nicht entsprechend durch Gehalt, Arbeitsplatzsicherheit, Karrieremöglichkeiten, etc. belohnt sieht. In diesem Fall kommt es zu „Gratifikationskrisen", die zu psychischen Belastungen führen können, darunter Depressionen, Herzerkrankungen oder Alkoholprobleme (Siegrist, 2015; 2016).

> **Blick in die Praxis: Gesundheitsrisiko Erwerbslosigkeit**
> Arbeit kann Stress verursachen und belastend sein. Gleiches kann aber auch für das Nicht-Arbeiten der Fall sein, und zwar dann, wenn es sich dabei um einen nicht freiwilligen Zustand handelt, sondern erzwungenermaßen stattfindet. Wir sprechen hier von der „Arbeitslosigkeit", genauer der Erwerbslosigkeit. Die Zahl der Erwerbslosen ist in den letzten

> Jahren zurückgegangen. Dennoch galten im Dezember 2022 in Deutschland 2,9 %, in Österreich 5 % als erwerbslos (Statistisches Bundesamt, 2023), in der Schweiz waren es 2 % (Bundesamt für Statistik, 2023). Arbeit stellt einen wesentlichen Faktor gesellschaftlicher Anerkennung dar und ist für die meisten Menschen die Grundlage gesellschaftlicher Partizipation. Kaum überraschend lassen sich daher negative somatische und psychische Folgen der Erwerbslosigkeit finden, ganz besonders betroffen davon sind Personen, die schon sehr lange erwerbslos sind. Zu den am häufigsten genannten psychischen Folgen zählen ein vermindertes Selbstwertgefühl, Depressionen, Angsterkrankungen, Suchtverhalten, Familien- und Partnerschaftskonflikte, Rückzug und soziale Isolation (Weber et al., 2007).

5.6 Erholung und Freizeit

Stress, so kann man über alle hier vorgestellten Modelle sagen, ist ein Ressourcenkiller. Wenn wir nicht mehr genug Energie und Kraft haben, um in einer Situation auf die gegebenen Anforderungen angemessen zu reagieren, empfinden wir dies als bedrohlich mit all den beschrieben Folgen. Umgekehrt bedeutet dies, dass Ressourcen auch protektiv sind und uns resilient (widerstandsfähig) machen. Eine wichtige Frage ist daher nicht nur, wie man Stressoren begegnen kann, sondern auch, wie wir unsere Ressourcen schützen bzw. wieder auffrischen können. Allgemein gelingt uns das durch Erholung. Dieser Gedanke ist keinesfalls neu und taucht ganz prominent schon im Alten Testament auf, wenn im Buch Moses die Rede davon ist, dass sechs Tage lang gearbeitet werden soll und der Sabbath heilig ist, also nicht gearbeitet wird. Was aber genau ist Erholung und wie erholt man sich?

Erholung kann ganz unterschiedlich stattfinden, es können schon kurze Pausen reichen, manchmal sind dagegen sogar Wochen zu wenig. Ritualisiert ist der Feierabend ein wichtiger Erholungszeitraum. Ebenso die „schönste Zeit des Jahres", der Urlaub, oder ganz allgemein unsere Freizeit (ausführlich dazu Tokarski & Schmitz-Scherzer, 1985), in der wir ganz unterschiedliche Dinge tun oder nicht tun können, in der wir sprichwörtlich tun und lassen können, was wir wollen. Erholung kann sich auf physische Notwendigkeiten beziehen, z. B. ausreichend Schlaf und Energiezufuhr, oder auf psychische Prozesse (Wohlergehen, Innenorientiertheit, Ablenkung, Sport, Genuss, Freude, etc.).

Physische und psychische Prozesse

Aktive und passive Erholung

Erholung, die man allgemein als die Wiederherstellung der psychischen und körperlichen Leistungsvoraussetzungen nach einer Belastungsphase verstehen kann (Sterling & Eyer, 1988), kann passiv erfolgen, wenn ich mich z. B. durch Nichtbeanspruchung eines Leistungsbereichs ausruhe (z. B. schließe ich die Augen nach einer intensiven Beschäftigung am Computerbildschirm oder nach dem Lesen) oder aktiv betrieben werden, z. B. durch einen Tätigkeitswechsel (Rook Zijlstra, 2006). Sie findet, abgesehen von kleinen Pausen, in den meisten Fällen in unserer Freizeit statt. Freizeit wird wiederum häufig als Gegenpol zur Arbeit verstanden, weswegen es für viele Beschäftigte auch um die richtige Balance zwischen Arbeit einerseits und Freizeit andererseits geht. In diesem Zusammenhang wird auch der Begriff der Work-Life-Balance genutzt, wobei dieser etwas weiter ist und beispielsweise auch das Zusammenleben mit Partnern und Familie einschließt.

Arbeitszeit wird immer weniger

Auch wenn es durchaus nicht unüblich ist, sich im Alltag über die viele Arbeit zu beschweren, hat die freie Zeit, Otto (1990, S. 52) wählt hier den Begriff „Zeitwohlstand", in der historischen Perspektive stetig zugenommen: Kürzere Arbeitszeiten sind „im Grunde eine normal zu nennende Begleit- und Folgeerscheinung organisierter Industriearbeit. Jede Phase, in der neue Technik und Arbeitsorganisation in den Betrieben eingesetzte wurde, hat zur Arbeitszeitverkürzung geführt und auch führen müssen" (Janßen, 1984, S. 15). Während wir heute, wie schon beschrieben, ca. 38 h pro Woche, also etwa 7,5 h pro Tag nominal arbeiten, waren die Zeiten im 18. Jahrhundert noch ganz anders. Im Handwerk waren beispielsweise Arbeitszeiten von 14–17 h normal. Und auch in der Industrie waren noch Anfang des 20. Jahrhunderts Arbeitszeiten von 10 h täglich gang und gäbe (Otto, 1990; Tokarski & Schmitz-Scherzer, 1985). Auch Urlaubszeiten haben sich deutlich verlängert und die Sonntagsarbeit findet nur noch in ausgewählten Berufen statt. Freizeit ist daher noch ein relativ junger Forschungsgegenstand. Eine wichtige Frage ist dabei, wie sich Arbeit und Freizeit gegenseitig beeinflussen (◘ Abb. 5.5). Dazu lassen sich mit Ulich (2011) folgende Hypothesen formulieren:

Neutralitätshypothese: Die Erlebens- und Verhaltensweisen von Arbeit und Freizeit hängen nicht miteinander zusammen, wozu auch die Redewendung „Dienst ist Dienst, Schnaps ist Schnaps" passt.

Kompensationshypothese: Die Erlebens- und Verhaltensweisen von Arbeit und Freizeit beeinflussen sich gegenseitig, wobei von einer ausgleichenden Wirkung ausgegangen wird. Freizeit kann also beispielsweise die stressige Arbeit ausgleichen, Arbeit die nötigen Anreize bieten.

5.6 · Erholung und Freizeit

● **Abb. 5.5** Arbeit oder/und Freizeit? (© Kateryna Naegler)

Generalisierungshypothese: Die Erlebens- und Verhaltensweisen von Arbeit und Freizeit beeinflussen sich gegenseitig, wobei von einer verstärkenden Wirkung ausgegangen wird. In der Freizeit können beispielsweise berufliche Tätigkeiten fortgeführt werden; ein Automechaniker repariert auch in seiner Freizeit „aus Spaß" Autos; in diesem Fall kann die Arbeit dann als Fortsetzung des geliebten Hobbys verstanden werden.

Interaktionshypothese: Die Erlebens- und Verhaltensweisen von Arbeit und Freizeit beeinflussen sich gegenseitig, in der Berufsbiografie mal eher im Sinne der Kompensationshypothese, mal eher in dem der Generalisierungshypothese.

Kongruenzhypothese: Die Erlebens- und Verhaltensweisen von Arbeit und Freizeit weisen (korrelative) Gemeinsamkeiten auf, die jedoch auf eine Drittvariable zurückzuführen sind. So kann sich eine Person z. B. aufgrund ihrer Persönlichkeitsmerkmale oder Neigungen und Interessen im Arbeitsumfeld und Freizeitumfeld gleich erleben und verhalten (z. B. ein Psychologieprofessor, der ein Buch über Arbeits- und Organisationspsychologie schreibt und für sich gar nicht erkennen kann, wann er eigentlich arbeitet oder ob er das in seiner Freizeit macht, einfach weil er gerne denkt und schreibt).

Bis auf die Neutralitätshypothese können für alle Annahmen Belege angeführt werden. Die Wechselwirkungen von Arbeit, Freizeit und im Weiteren auch von Familie und Lebensstil können sich allgemein positiv oder negativ auswirken. So kann es beispielsweise zu Konflikten zwischen der beruflichen Beanspruchung und der Zeit, die man der Familie zur Ver-

Rollenkonflikte

fügung stellt, kommen. Dies kann auch als Rollenkonflikt verstanden werden, bei dem die Erfüllung der einen Rollenanforderung mit den Rollenerwartungen in anderen Lebensbereichen konkurriert. Es lassen sich unterschiedliche Konflikte unterscheiden (Greenhaus & Beutell, 1985):

Zeitbasierte Konflikte (*time-based*): die Arbeit/Familie hält mich von der Familie/Arbeit ab.

Beanspruchungsbasierte Konflikte (*strain-based*): die Arbeit/Familie ist so beanspruchend, dass ich für die Familie/Arbeit keine Kraft mehr habe.

Verhaltensbasierte Konflikte (*behavior-based*): das Verhalten, das im Arbeitskontext/im Familienkontext produktiv und sinnvoll ist, ist im Familienkontext/Arbeitskontext kontraproduktiv.

Abschließend noch ein Wort zum Begriff der Work-Life-Balance. Was hier mit Balance eigentlich gemeint ist, ist gar nicht so eindeutig. Geht es um ein Gleichgewicht der Zeit, der Beanspruchung oder des Verhaltens? Geht es um qualitatives oder quantitatives Gleichgewicht? Und lässt sich dies überhaupt messen und feststellen? Besser als von dem Gleichgewicht suggerierenden Begriff der Work-Life-Balance ist es vielleicht, von der Vereinbarkeit von verschiedenen, subjektiv stets unterschiedlich gewichteten Lebensbereichen zu sprechen.

❓ Prüfungsfragen

1. Was ist eigentlich Stress und wann entsteht er?
2. Beschreiben Sie das allgemeine Anpassungssyndrom näher.
3. Welche Faktoren begünstigen die Entstehung von Stress in der Arbeitswelt?
4. Erläutern Sie die transaktionale Stresstheorie an einem Beispiel auf dem Arbeitskontext näher.
5. Wie entsteht Stress nach dem Anforderungs-Kontroll-Modell?
6. Erläutern Sie das Anforderungs-Ressourcen-Modell näher und geben Sie Tipps, wie man nach dem Modell Stress vermeiden kann.
7. Worauf muss man achten, wenn man nach dem Modell der beruflichen Gratifikationskrisen Stress vermeiden möchte?
8. Welche Formen der Erholung kennen Sie?
9. Welche Hypothesen zum Zusammenhang von Arbeit und Freizeit lassen sich unterscheiden?

Zusammenfassung

- Stress ist eine psychische und physische Reaktion auf Stressoren, die körperliche und psychische Veränderungen verursachen, die als unangenehm erlebt werden und das Wohlbefinden stören.
- Häufig wird die Stressreaktion anhand des allgemeinen Anpassungssyndroms beschrieben
- In der Arbeitswelt kann Stress beispielsweise durch hohe Arbeitsbelastungen, die soziale und materielle Umgebung oder auch durch personale Faktoren begünstigt werden.
- Die wichtigste psychologische Theorie zur Stressgenese ist die transaktionale Stresstheorie von Lazarus.
- Nach der transaktionalen Stresstheorie ist Stress die Folge von subjektiven Bewertungsprozessen, bei denen die Person die Situation danach analysiert, ob diese von ihr bewältigbar ist oder nicht.
- Das Anforderungs-Belastungs-Modell erklärt Stress als Wechselwirkung zwischen den Arbeitsanforderungen einerseits, den Handlungsspielräumen andererseits.
- Nach dem Anforderungs-Ressourcen-Modell entsteht Stress dann, wenn die Aufgabenanforderungen die verfügbaren Ressourcen übersteigen.
- Das Modell der beruflichen Gratifikationskrisen sieht Stress als Folge der Imbalance zwischen Investitionen und Belohnung.
- Erholung bedeutet die Wiederherstellung der psychischen und physischen Ausgangsbedingungen.
- Freizeit und Arbeit stehen in Wechselwirkung zueinander; sie können sich verstärken, kompensieren, interagieren oder kongruent sein.

Schlüsselbegriffe

Allgemeinen Anpassungssyndrom, Anforderungs-Kontroll-Modell, Anforderungs-Ressourcen-Modell, Berufliche Gratifikationskrisen, Burnout, Ressourcengewinn, Erholung, Freizeit, Person-Umwelt-Passung, primäre Bewertung, Ressourcenverlust, Rollenkonflikte, sekundäre Bewertung, Stressimpfungstraining, Stressor, Transaktionale Stresstheorie, Work-Life-Balance.

Literatur

Bakker, A. B., & Demerouti, E. (2017). Job demands-resources theory: Taking stock and looking forward. *Journal of Occupational Health Psychology, 22*(3), 273–285.

Bundesamt für Statistik. (2023). Erwerbslose gemäss ILO. https://www.bfs.admin.ch/bfs/de/home/statistiken/arbeit-erwerb/erwerbslosigkeit-unterbeschaeftigung/erwerbslose-ilo.html. Zugegriffen am 23.02.2023.

Cannon, W. B. (1914). The emergency function of the adrenal medulla in pain and the major emotions. *American Journal of Physiology, 33*, 356–372.

Cooper, C., & Dewe, P. J. (2008). *Stress: A brief history*. Blackwell Publishing.

De Lange, A. H., Taris, T. W., Kompier, M. A. J., Houtman, I. L. D., & Bongers, P. M. (2003). „The very best of the millennium": Longitudinal research and the demand-control-(support) model. *Journal of Occupational Health Psychology, 8*, 282–305.

Demerouti, E., & Nachreiner, F. (2019). Zum Arbeitsanforderungen-Arbeitsressourcen-Modell von Burnout und Arbeitsengagement – Stand der Forschung. *Zeitschrift für Arbeitswissenschaft, 73*(2), 119–130.

Demerouti, E., Nachreiner, F., Bakker, A. B., & Schaufeli, W. B. (2001). The job demands-resources model of burnout. *Journal of Applied Psychology, 86*(3), 499–512.

Edwards, J. R., Caplan, R. D., & Van Harrison, R. (1998). Person-environment fit theory: Conceptual foundations, empirical evidence, and directions for future research. In C. L. Cooper (Hrsg.), *Theories of organizational stress* (S. 28–67). Oxford University Press.

Folkman, S., & Lazarus, R. S. (1980). Analysis of coping in a middle-aged community sample. *Journal of Health and Social Behavior, 21*, 219–239.

Greenhaus, J. H., & Beutell, N. J. (1985). Sources of conflict between work and family roles. *Academy of Management Review, 10*(1), 76–88.

Hagemann, W., & Geuenich, K. (2009). *Burnout Screening-Skalen. Test und Testmanual*. Hogrefe.

Hobfoll, S. E. (1988). *The ecology of stress*. Taylor & Francis.

Janßen, H. (1984). Die Arbeitszeitpolitik der IG Metall- Notwendigkeiten und Perspektiven. In H. Mayr & H. Janßen (Hrsg.), *Perspektiven der Arbeitszeitverkürzung* (S. 15–29). Bund.

Karasek, R. A. (1979). Job demands, job decision latitude, and mental strain: Implications for job redesign. *Administrative Science Quarterly, 24*(2), 285–308.

Karasek, R. A., & Theorell, T. (1990). *Healthy work*. Basic Books.

Lazarus, R. S. (1966). *Psychological stress and the coping process*. McGraw-Hill.

Maslach, C., & Jackson, S. E. (1984). Burnout in organizational settings. In S. Oskamp (Hrsg.), *Applied social psychology annual* (S. 133–154). Sage.

Maslach, C., & Jackson, S. E. (1986). *Maslach burnout inventory. Research edition*. Consulting Psychologists Press.

Maslach, C., & Leiter, M. P. (2016). Burnout. In G. Fink (Hrsg.), *Stress: Concepts, cognition, emotion, and behavior* (S. 351–357). Academic Press.

McGrath, J. E. (1981). Stress und Verhalten in Organisationen. In J. R. Nitsch (Hrsg.), *Stress* (S. 441–499). Huber.

Meichenbaum, D. H. (2012). *Intervention bei Stress. Anwendung und Wirkung des Stressimpfungstrainings*. Hogrefe.

Nixon, A. E., Mazzola, J. J., Bauer, J., Krueger, J. R., & Spector, P. E. (2011). Can work make you sick? A meta-analysis of the relationships between job stressors and physical symptoms. *Work & Stress, 25*(1), 1–22.

Otto, K. A. (1990). Wieviel wurde in unterschiedlichen Epochen gearbeitet? – Ein quantitativer Vergleich. In H. König, B. von Greiff, & H. Schauer (Hrsg.), *Sozialphilosophie der industriellen Arbeit* (LEVIATHAN Zeitschrift für Sozialwissenschaft, Sonderheft 11/1990, S. 51–76). Springer.

Pearlin, L. I. (1989). The sociological study of stress. *Journal of health and social behavior, 30*(3), 241–256.

Richter, P. (2004). Gesundheitsförderung in Organisationen. Arbeits- und organisationspsychologische Präventionsansätze. In J. Wegge & K.-H. Schmidt (Hrsg.), *Förderung von Arbeitsmotivation und Gesundheit in Organisationen* (S. 197–214). Hogrefe.

Richter, P., & Hacker, W. (1998). *Belastung und Beanspruchung: Stress, Ermüdung und Burnout im Arbeitsleben.* Asanger.

Rook, J. W., & Zijlstra, F. R. H. (2006). The contribution of various types of activities to recovery. *European Journal of Work and Organizational Psychology, 15*(2), 218–240.

Selye, H. (1956). *The stress of life.* McGraw-Hill.

Siegrist, J. (2015). *Arbeitswelt und stressbedingte Erkrankungen. Forschungsevidenz und präventive Maßnahmen.* Elsevier.

Siegrist, J. (2016). Effort-reward imbalance model. In G. Fink (Hrsg.), *Stress: Concepts, cognition, emotion, and behavior* (S. 81–86). Academic Press.

Statistisches Bundesamt. (2023). EU-weite Erwerbslosigkeit liegt im Dezember 2022 bei 6,1 %. https://www.destatis.de/Europa/DE/Thema/Bevoelkerung-Arbeit-Soziales/Arbeitsmarkt/EUArbeitsmarktMonat.html. Zugegriffen am 27.02.2023.

Sterling, P., & Eyer, J. (1988). Allostasis: A new paradigm to explain arousal pathology. In S. Fisher & J. Reason (Hrsg.), *Handbook of life stress, cognition and health* (S. 629–649). Wiley.

Techniker Krankenkasse. (2020). *Gesundheitsreport 2020 – Zeitarbeit: Chance oder Risiko? Arbeitssituation und Gesundheit von Zeitarbeitern.* https://www.tk.de/resource/blob/2086056/7b2be29d67fd4836da2e48f6362a022e/2020-gesundheitsreport-data.pdf. Zugegriffen am 27.10.2022.

Tokarski, W., & Schmitz-Scherzer, R. (1985). *Freizeit.* Vieweg+Teubner.

Ulich, E. (2011). *Arbeitspsychologie* (7. Aufl.). Schäffer-Poeschl.

Weber, A., Hörmann, G., & Heipertz, W. (2007). Arbeitslosigkeit und Gesundheit aus sozialmedizinischer Sicht. *Deutsches Ärzteblatt, 104*(43), 2957–2962.

Organisationspsychologie

Inhaltsverzeichnis

Kapitel 6 Organisationale Sozialisation und Gravitation – 95

Kapitel 7 Führung in Organisationen – 111

Kapitel 8 Organisationsdiagnose und -entwicklung – 135

Kapitel 9 Was tun mit alledem? Abschließende Reflexionen – 151

Organisationale Sozialisation und Gravitation

Inhaltsverzeichnis

6.1 Organisationale Sozialisation – 99
6.1.1 Sozialisation vor dem Eintritt – 99
6.1.2 Sozialisation bei Eintritt – 100
6.1.3 Adaptionsprozess – 101
6.1.4 Sozialisationsmaßnahmen – 101

6.2 Attraktions-Selektions-Modell – 102

6.3 Organisationales Commitment – 103

6.4 Organisationsklima und Organisationskultur – 104

Literatur – 107

© Der/die Autor(en), exklusiv lizenziert an Springer-Verlag GmbH, DE, ein Teil von Springer Nature 2024
P. M. Bak, *Arbeits- und Organisationspsychologie*, Angewandte Psychologie Kompakt,
https://doi.org/10.1007/978-3-662-68597-6_6

Kapitel 6 · Organisationale Sozialisation und Gravitation

Lernziele

- Die Begriffe organisationale Sozialisation und Gravitation kennen und differenzieren können
- Den dreistufigen Sozialisationsprozess beschreiben können
- Maßnahmen zur Sozialisation kennen und erläutern können
- Das Attraktions-Selektions-Modell erläutern können
- Wissen, was organisationales Commitment ist und seine Bestandteile kennen
- Den Unterschied zwischen Organisationskultur und Organisationsklima kennen

Einführung

Wenden wir uns nun dem zweiten großen Thema des Lehrbuchs zu, der Organisationspsychologie. Haben wir uns im ersten Teil mit der konkreten Arbeit und deren Messung, Organisation und Auswirkungen beschäftigt, wollen wir nun den organisationalen Rahmen in den Fokus rücken. Wir verbringen einen nicht unerheblichen Teil unserer Zeit in Unternehmen oder allgemein Organisationen (im Folgenden werden wir beide Begriffe synonym verwenden) und kommen so in Kontakt mit anderen Menschen, die ebenfalls dort beschäftigt sind, interagieren unzählige Male miteinander und befolgen die in der Organisation herrschenden Regeln und Normen. In manchen Fällen sehen wir Kollegen und Kolleginnen mehr und häufiger als unsere Partner. Was macht das mit uns? Verändern wir uns dadurch? Werden wir uns womöglich dadurch ähnlicher?

Ähnlichkeit und Sympathie

„Wie der Herr, so's Gescherr". Sie kennen sicherlich dieses Sprichwort, welches wir dann verwenden, wenn wir darauf hinweisen möchten, dass ein Mensch in seinen Eigenschaften und Verhaltensweisen einer übergeordneten anderen Person (äußerlich) ähnelt. Die Psychologie hat solche Ähnlichkeitseffekte untersucht und bestätigt. Zajonc et al. (1987) zeigten beispielsweise, dass sich Gesichter von Ehepaaren, die länger als 25 Jahre miteinander verheiratet waren, ähnelten. Auf der anderen Seite gibt es zahlreiche Studien, die belegen, dass wir andere Menschen umso mehr mögen, umso ähnlicher sie uns sind (Montoya et al., 2008). Es sieht also ganz danach aus, als würden wir Menschen, die uns ähnlich sind, nicht nur mehr mögen als andere, wir werden auch umgekehrt Menschen, die wir mögen, immer ähnlicher. Diese Effekte lassen sich zum einen mit der Balance-Theory von Heider (1958), zum anderen mit der Theorie der kognitiven Dissonanz (Festinger, 1957) erklären.

Die Balance-Theorie nimmt an, dass Menschen ihre Kognitionen in Balance halten möchten, also inkonsistente Kognition vermeiden möchten. Balance besteht immer dann, wenn wir uns nicht dazu gezwungen sehen, unsere Meinungen und Einstellungen zu ändern. Stelle ich also z. B. eine Gemeinsamkeit zwischen mir und einer anderen Person fest, z. B. dass uns beide die Organisationspsychologie interessiert, dann kann ich kognitive Balance dadurch herstellen, dass ich die Person sympathisch finde. Würde ich Sie nicht mögen, entstünde Ungleichgewicht. Mehr noch, wir projizieren sogar unsere eigenen Einstellungen auf andere Menschen, wenn sie uns sympathisch sind (Collisson & Howell, 2014). Umgekehrt wissen wir seit Festingers Theorie der kognitiven Dissonanz, dass beispielsweise einstellungskonträres Verhalten dazu führen kann, dass wir unsere Einstellungen an das Verhalten anpassen. Auf diese Weise können wir das unangenehme Inkonsistenzgefühl (kognitive Dissonanz) vermeiden, das andernfalls entstehen würde. Verhalten wir uns beispielsweise im interpersonalen Kontext so, wie es sich der andere von uns wünscht, dann erhöht das die Wahrscheinlichkeit, dass wir das Verhalten selbst ebenfalls für gut befinden. Die Frage liegt nun auf der Hand: Lassen sich solche Ähnlichkeits-Verhaltens- und Ähnlichkeits-Einstellungs-Effekte auch für das Verhältnis von Personen und Organisationen zeigen? (◐ Abb. 6.1)

Balancetheorie und Dissonanz

In der Tat wird diese Frage unter dem Stichwort Person-Organisations-Fit (P-O-Fit, z. B. Kristof, 1996) behandelt. Wenn Beschäftigte und Unternehmen „kompatibel" wären, dann hätte das für beide Seiten positive Konsequenzen. Die Befunde dazu sind denen im interpersonalen Bereich vergleichbar. Personen und Organisationen sind sich tatsächlich in vielerlei Hinsicht ähnlicher, als man es erwarten würde. Die Passung zwischen Person und Organisation ist ein wichtiger Prädiktor für die Arbeitszufriedenheit, organisationales Commitment oder die Absicht, die Organisation zu verlassen (Hoffman & Woehr, 2006). Zwei Erklärungen werden häufig für den P-O-Fit gegeben, zum einen die organisationale Sozialisation, zum anderen das Attraktions-Selektions-Modell. Beide Modelle behandeln die Ähnlichkeitseffekte allerdings weniger aus Sicht des Individuums, wie wir es in der Kapiteleinleitung getan haben, sondern betrachten die dafür verantwortlichen organisationalen Prozesse. Wir unterscheiden im weiteren Verlauf nicht zwischen Organisationen und Unternehmen, sondern bevorzugen den Organisationsbegriff als den Übergeordneten.

Person-Organisation-Fit

Abb. 6.1 Organisationen machen uns irgendwie ähnlich (© Kateryna Naegler)

6.1 Organisationale Sozialisation

Wenn neue Mitarbeiter und Mitarbeiterinnen ins Unternehmen kommen, dann stellt das für beide Seiten eine Herausforderung dar. Mitarbeiter und Mitarbeiterinnen müssen neben den Fähig- und Fertigkeiten, die sie a priori mitbringen, neue, spezifische Fertigkeiten, Verhaltensregeln, Werthaltungen und Normen erlernen, die für die Arbeit in der Organisation wichtig sind. Organisationen müssen dabei entsprechende Unterstützung leisten. Dieser Lernprozess, innerhalb dessen man vom „Outsider" zum „Insider" wird (Bauer & Green, 1994; van Maanen & Schein, 1979), wird als organisationale Sozialisation (Schein, 1968) bezeichnet. Dabei werden häufig drei Phasen unterschieden, nämlich „vor dem Eintritt", „Eintritt" und „Adaption" (Haski-Leventhal & Bargal, 2008; van Maanen & Schein, 1979). Griffeth, Allen und Barrett (2006) bezeichnen diese Phasen als Reinkommen (*getting in*), Einbrechen (*breaking in*) und Eingewöhnen (*settling in*).

Outsider vs. Insider

6.1.1 Sozialisation vor dem Eintritt

Wir treten nicht als „unbeschriebenes Blatt" in eine Organisation ein, sondern haben in der Regel bereits eine Ausbildung absolviert, die uns mehr oder weniger auf die Aufgaben in der Organisation vorbereitet. Innerhalb dieser Ausbildung haben wir uns auch bestimmte Einstellungen, Überzeugungen und Werte angeeignet, um uns auf die zukünftige Arbeit vorzubereiten. Allerdings haben wir vor dem Arbeitsantritt auch bestimmte, meistens unrealistische Erwartungen in Bezug auf die Organisation ausgebildet. Das gilt erst recht für den Beginn unserer Berufstätigkeit, wenn wir noch keine oder nur wenig Erfahrung haben, was Arbeiten bedeutet.

6.1.2 Sozialisation bei Eintritt

Realitätsschock

Nach dem Eintritt in die Organisation beginnt die eigentliche organisationale Sozialisation, innerhalb deren wir die Organisation kennenlernen und mit konkreten Erwartungen konfrontiert werden, die in der Regel mit unseren Vorstellungen kaum übereinstimmen. Dies wird oft als Realitätsschock empfunden, mit negativen Auswirkungen beispielsweise auf unsere organisationale Bindung und die wahrgenommenen Zukunftsaussichten (Dean & Wanous, 1983). Nebenbei gesagt gilt dies auch für die Berufsausbildung selbst. Wer weiß schon, wie es sich in einem Beruf anfühlt, wenn man sich für eine entsprechende Ausbildung oder ein Studium entscheidet? Beim Eintritt in das Unternehmen herrscht Unsicherheit z. B. darüber, was eigentlich verlangt wird, wie die Beurteilungskriterien sind, wie das Unternehmensklima ist und wie die sozialen Beziehungen im Unternehmen aussehen (Miller & Jablin, 1991), was wiederum mit Angst und Stress verbunden ist (Jesús Bravo et al., 2003; Frese, 1982). Daher ist es für einen Neuankömmling wichtig, an die relevanten Informationen zu gelangen und diese auch richtig zu interpretieren (Miller & Jablin, 1991), was deswegen so schwerfällt, weil aufgrund noch nicht stattgefundener Interaktionen noch kaum Kenntnis über die in der Organisation geltenden Sitten und Regeln oder allgemein dem vorhandenen Bedeutungsgeflecht besteht (Reichers, 1987). Eine Unterstützung (und damit reichlich Interaktionen) in den ersten drei Monaten durch Kollegen und Kolleginnen sowie Vorgesetzte kann sich daher auch als besonders vorteilhaft herausstellen, fehlende Unterstützung dagegen als besonders nachteilig auswirken (Kammeyer-Mueller et al., 2013).

Zu den wesentlichen Sozialisationsinhalten gehören z. B. die erforderlichen Tätigkeitskompetenzen zu erlernen, zu lernen, wer in der Organisation für was zuständig ist, die formalen und informellen Machtstrukturen zu kennen, die Sprache, die in der Organisation gesprochen wird (der Umgangston), die Sitten und Regeln und die organisationalen Werte und Ziele sowie die Organisationsgeschichte und Anekdoten kennenzulernen (Chao et al., 1994).

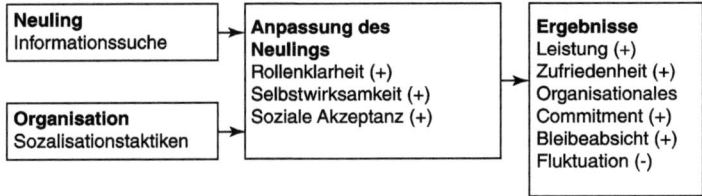

Abb. 6.2 Sozialisationsprozess nach Bauer et al. (2007)

6.1.3 Adaptionsprozess

Im letzten Schritt werden subjektive Erwartungen und Vorstellungen zunehmend den Realitäten der Organisation angepasst. Stress und Angst weichen im Idealfall dem Gefühl, angekommen zu sein. Eine gute Anpassung bedeutet dann, dass Klarheit über die Rolle in der Organisation herrscht, dass der neue Mitarbeiter bzw. die neue Mitarbeiterin sozial akzeptiert ist, über tätigkeitsbezogene Selbstwirksamkeit verfügt, die wiederum zu guter Leistung, Zufriedenheit sowie organisationalem Commitment führt und in der Absicht, zu bleiben, mündet (Bauer et al., 2007) (◘ Abb. 6.2).

6.1.4 Sozialisationsmaßnahmen

Die Sozialisation neuer Mitarbeiter und Mitarbeiterinnen sollte durch die Organisation durch vielfältige Maßnahmen begleitet werden. Das beginnt beispielsweise mit der realistischen Tätigkeitsvorschau (*realistic job preview*; Wanous, 1973) als Teil des Kennlerngesprächs, also noch vor dem eigentlichen Eintritt, mit welcher der Realitätsschock zumindest abgemildert werden kann und Zufriedenheit und Commitment erhöht werden sollen. Die Befundlage dazu ist allerdings nicht so eindeutig, teilweise finden sich diesbezüglich nur schwache Effekte (z. B. Premack & Wanous, 1985; Phillips, 1998). Bei Neuankömmlingen können vonseiten der Organisation andere Maßnahmen ergriffen werden, um das Einleben zu erleichtern. Dazu zählen beispielsweise Informationsveranstaltungen, Begrüßungen durch Vorgesetzte, Schulungen, Traineeprogramme, gemeinsame Aktivitäten oder Paten- und Mentoringprogramme. Viele Maßnahmen überfordern allerdings den Neuankömmling, allein schon wegen der Informationsfülle, die es zu Beginn zu verarbeiten gilt. Van Maanen und Schein (1979) unterscheiden darüber hinaus noch Sozialisationstaktiken, die eher die Art und Weise beschreiben, wie Neuankömmlinge ins Unternehmen integriert werden. Es werden Kontexttaktiken, inhaltliche Taktiken und soziale Taktiken unterschieden.

Realistische Tätigkeitsvorschau

Kontexttaktiken: Neue Mitarbeiter und Mitarbeiterinnen können alleine (individuell) oder in Gruppen (kollektiv) spezifischen sozialisierenden Erfahrungen ausgesetzt werden. Sie können auch während der Einarbeitungszeit von den erfahrenen Mitarbeitern und Mitarbeiterinnen getrennt eingewiesen werden (formaler Prozess) oder als von vornherein integrierter Teil der bestehenden Belegschaft behandelt werden (informell).

Inhaltliche Taktiken: Die Sozialisation kann als Abfolge aufeinanderfolgender Schritte erfolgen (sequenziell) oder zufällig. Auch kann ein festgelegter Zeitplan vorgegeben sein oder nicht

Soziale Taktiken: In manchen Organisationen wird der Neuankömmling durch eine erfahrene Kraft sozialisiert, in anderen Fällen gibt es keine feste Bezugsperson. Zudem kann der Sozialisationsprozess darauf abzielen, die persönlichen Merkmale des Neuankömmlings zur Organisation passend zu verändern oder sie werden (im Sinne von mehr Diversität als bereichernd) anerkannt.

Metaanalytische Befunde weisen darauf hin, dass insbesondere die sozialen Taktiken bedeutsam sind. Sie wirken sich insbesondere positiv auf das Commitment und die Kündigungsabsicht aus (Bauer et al., 2007).

6.2 Attraktions-Selektions-Modell

Organisationale Gravitation

Einen anderen Ansatz zur Erklärung des Ähnlichkeitseffekts von Menschen und Organisationen bietet das Attraktions-Selektions-Modell (ASA-Modell) von Schneider (1987; Schneider et al., 1995). Die Ähnlichkeit kommt danach durch drei Faktoren zustande, Anziehungskraft (*attraction*), Auswahl (*selection*) und „Zermürbung" (*attrition*). Anziehungskraft meint, dass sich die Mitglieder einer Organisation schon alleine dadurch ähneln, dass sie sich offensichtlich bei der gleichen Organisation beworben haben und sich von dieser und deren „Persönlichkeit" und Werten angezogen fühlen. Auf der anderen Seite sucht sich die Organisation von sich aus auch Mitarbeiter und Mitarbeiterinnen, die sie als geeignet und passend ansehen. Schließlich verbleiben in der Organisation auch nur diejenigen Personen, die sich dort gut aufgehoben fühlen, die passen. Die anderen werden von der Organisation „zermürbt" und verlassen die Organisation wieder. Auf diese Weise werden Organisationen im Hinblick auf die beteiligten Personen zunehmend homogener (Dickson et al., 2008). Diese Prozesse, die zum einen durch die Selektion von Arbeitsuchenden und zum anderen durch Selektion durch Arbeitgeber bestimmt wird, kann mit Nerdinger (z. B. 2019a) auch als organisationale Gravitation bezeichnet werden. Das ASA-Modell ist empirisch gut und in verschiedenen Kontexten bestätigt (z. B. Schneider, 1987; Dickson et al., 2008)

Anzumerken ist noch, dass Sozialisationseffekte einerseits, Gravitationsprozesse, wie im ASA-Modell beschrieben, andererseits keine alternativen Prozesse zur Realisierung eines Person-Organisations-Fits darstellen, sondern gleichzeitig wirken (de Cooman et al., 2009).

6.3 Organisationales Commitment

Im vorliegenden Zusammenhang taucht immer wieder der Begriff organisationales Commitment auf. Dieses soll durch die organisationale Sozialisation bzw. Gravitation verbessert werden. Mit Commitment kann allgemein die Bindung an die Organisation beschrieben werden, die wiederum mit Zufriedenheit, der Bereitschaft, sich für die Ziele der Organisation einzusetzen, geringerem Stressempfinden und der Bleibeabsicht einhergeht (z. B. Mowday et al., 1982; Mathieu & Zajac, 1990). Es können drei Formen des Commitments unterschieden werden (Meyer & Allen, 1991). Zum einen das *kalkulative Commitment* (bei Meyer und Allen heißt es Kontinuitätsverpflichtung), welches Ergebnis einer Kosten-Nutzen-Analyse ist. Wer die Kosten, das Unternehmen zu verlassen, als hoch einschätzt, weil es keine besseren Alternativen gibt, der wird auch eher gebunden sein und in der Organisation bleiben. *Affektives Commitment* dagegen entsteht dann, wenn man sich mit dem Unternehmen identifiziert. Personen mit hoher affektiver Bindung fühlen sich der Organisation also emotional verbunden und denken eher nicht daran, die Organisation zu verlassen. Schließlich gibt es noch das *normative Commitment*, das dem Verpflichtungsgefühl entspricht, die Organisation nicht verlassen zu dürfen, z. B. aus moralischen Gründen oder weil man dem Unternehmen helfen möchte. Generell werden die meisten Organisationen das Ziel haben, hohes kalkulatives und affektives Commitment zu erzeugen. Kalkulatives Commitment entsteht etwa, wenn viel an Zeit und Arbeit in das Unternehmen investiert wird, während affektives Commitment durch soziale Integration und Interaktion sowie soziale Unterstützung entstehen kann. Eine hohe Bindung kann sich allerdings auch erschwerend auswirken, z. B., wenn man das Unternehmen verlassen muss. Interessant, weil zunächst kontraintuitiv, sind die Befunde, wonach sich zeitbefristete Arbeitskräfte im Hinblick auf ihr Verpflichtungsgefühl nicht in jedem Fall von festangestellten Beschäftigten unterscheiden

Dimensionen des Commitments

(McDonald & Makin, 2000; De Cuyper et al., 2008). Dies deutet darauf hin, dass Commitment nicht nur das Ergebnis von organisationalen Bedingungen ist, sondern auch von individuellen Faktoren bestimmt wird. So ist es plausibel, anzunehmen, dass die Arbeit befriedigender erlebt wird, wenn man sich der Organisation auch entsprechend verpflichtet fühlt. Bei zeitbefristeten Beschäftigten könnte also ein hohes erlebtes Commitment kognitive Dissonanzen reduzieren. Außerdem gibt es Argumente, denen zufolge sich Personen bereits im Vorhinein darin unterscheiden, wie bereitwillig sie Commitments eingehen. Danach würden Mitarbeiter und Mitarbeiterinnen mit hoher Commitmentbereitschaft auch ohne weitreichende Maßnahmen seitens des Unternehmens frühzeitig ein Gefühl der Zugehörigkeit und geringe Neigung zum Wechsel entwickeln (Felser & Bloßfeld, 2003).

6.4 Organisationsklima und Organisationskultur

Affektive, kognitive und instrumentelle Dimension

Zu dem, was man als Neuankömmling in einer Organisation lernen muss, gehört auch die Organisationskultur, worunter die Ansammlung von Werten, Glaubenssätzen, Normen und Bedeutungsmuster einer Organisation verstanden wird, und das Organisationsklima (zum Überblick z. B. Nerdinger, 2019b; Schneider et al., 2013; Ostroff et al., 2003). Darunter kann man allgemein die geteilten Wahrnehmungen und Erlebnisweisen der Mitarbeiter und Mitarbeiterinnen über die Art und Weise des Umgangs innerhalb der Organisation verstehen. Man kann hierbei zwischen affektiver, kognitiver und instrumenteller Wahrnehmung unterscheiden (Ostroff, 1993; Carr et al., 2003). Affektiv meint hier die interpersonalen Aspekte des Umgangs, also Kooperation, Wärme oder soziale Belohnung. Kognitiv bezieht sich auf das individuelle Arbeitsinvolvement und instrumentell auf die Art und Weise, wie „die Dinge" in der Organisation gehandhabt werden.

Organisationskultur messen

Die Unternehmenskultur bestimmt beispielsweise darüber, wie mit Fehlern und Konflikten umgegangen werden soll, wie Feedback gegeben wird, welche Hierarchien existieren oder wie es um die Familienfreundlichkeit oder Nachhaltigkeit in der Organisation bestellt ist. Gerade bei Unternehmensfusionen und Akquisitionen können unterschiedliche Organisationskulturen große Probleme bereiten. So verständlich der Kulturbegriff aber auch sein mag, so heterogen stellen sich die Versuche dar, Kultur zu operationalisieren, also die Frage danach zu beantworten, wie Organisationskultur überhaupt zu messen ist. Darauf gibt es zahlreiche und ganz unterschiedliche Antworten. Van Den Berg und Wilderom (2004) schlagen beispielsweise Autonomie, Außenorientierung, abteilungsübergreifende Koordination, Personalorientierung und Verbesserungsorientierung als übergreifende Kulturdimensionen vor. Jöns, Hodapp und Weiss (2005) führen dagegen die Dimensionen Strategie, Struktur, Führung und Zusammenarbeit auf. Und Alder und Fares (2020), um noch ein weiteres Beispiel zu nennen, wollen die Organisationskultur über folgende bipolare Dimensionen messen: Work-Life-Balance – Karriereorientierung, Autonomie – Hierarchie, Professionelle Distanz – Familiäres Arbeitsumfeld, Innovation – Tradition, Wettbewerb – Genügsamkeit, Vorsicht – Risikobereitschaft, Leistungsorientierung – Zurückhaltung, Ich-Orientierung – Wir-Orientierung, Zweckorientierung – Integrität.

Anders als die von außen beobachtbare Organisationskultur bezeichnet der Begriff des Organisationsklimas das subjektive Erleben des Geschehens in der Organisation. Wie fühlt es sich in der Organisation an? Angenehm? Bedrückend? Herrscht Misstrauen oder Hilfsbereitschaft? Mit der Klimastärke kann zudem angegeben werden, wie hoch das Ausmaß der Übereinstimmung der subjektiven Sichtweisen innerhalb einer Organisation (oder Organisationseinheit) ist. Erleben viele Beschäftigte die Organisation ähnlich, ist die Klimastärke hoch, andernfalls gering.

Klimastärke

Organisationskultur und Organisationsklima sind nicht unabhängig voneinander, sondern beeinflussen sich gegenseitig. Sie sind beide im Zusammenhang mit dem individuellen Wohlbefinden, der Identifikation mit der Organisation, der Leistung und dem Commitment von großer Bedeutsamkeit (Ostroff et al., 2003).

❓ Prüfungsfragen

1. Wie kann man erklären, dass wir Menschen, die uns ähnlich sind, sympathischer finden?
2. Was versteht man unter dem Person-Organisations-Fit?
3. Was versteht man allgemein unter der organisationalen Sozialisation? Warum ist diese wichtig?
4. Beschreiben Sie die drei Phasen der organisationalen Sozialisation näher.
5. Beschreiben Sie einige Sozialisationsmaßnahmen näher.
6. Sozialisationstaktiken beschreiben die Art und Weise, wie Neuankömmlinge in Organisationen sozialisiert werden. Erläutern Sie jeweils ein Beispiel für eine Kontexttaktik, eine inhaltliche Taktik und eine soziale Taktik.
7. Erläutern Sie das Attraktions-Selektions-Modell näher.
8. Was versteht man unter organisationaler Gravitation?

9. Was versteht man unter organisationalem Commitment und welche Formen des Commitments lassen sich differenzieren?
10. Was ist der Unterschied zwischen Organisationskultur und Organisationsklima?

Zusammenfassung
- Menschen, die zusammenleben, werden sich allmählich ähnlicher.
- Wir mögen Menschen umso mehr, je ähnlicher sie uns sind.
- Auch in Organisationen werden sich Menschen ähnlicher.
- Für diesen Person-Organisations-Fit lassen sich zwei Gründe angeben, nämlich organisationale Sozialisation und das Attraktions-Selektions-Modell.
- Die organisationale Sozialisation vermittelt den Neuankömmlingen die Werte, Normen, Einstellungen und Überzeugen der Organisation.
- Organisationen helfen Neuankömmlingen bei der Sozialisation durch bestimmte Prozesse und nutzen dabei unterschiedliche Sozialisationstaktiken.
- Organisationen ziehen ähnliche Menschen an und rekrutieren Personen, die zu ihnen passen.
- Der Person-Organisations-Fit sorgt für organisationales Commitment.
- Es lassen sich kalkulatives, affektives und normatives Commitment unterscheiden.
- Auch die Organisationskultur und das Organisationsklima müssen vom Neuankömmling erlernt werden.
- Organisationskultur bezieht sich auf die Werte, Glaubenssätze, Normen und Bedeutungsmuster der Organisation.
- Organisationsklima bezeichnet die Art des Umgangs in der Organisation.
- Die Klimastärke ist dabei ein Maß für den Grad der Übereinstimmung zwischen den subjektiven Sichtweisen innerhalb einer Organisation.

Schlüsselbegriffe
Ähnlichkeit, Attraktions-Selektions-Modell, Commitment, Klimastärke, Organisationale Gravitation, Organisationsklima, Organisationskultur, Person-Organisations-Fit, Realitätsschock, Realistische Tätigkeitsvorschau, Sozialisation, Sozialisationstaktiken, Sympathie

Literatur

Adler, L. J., & Fares, Y. (2020). Messung von Unternehmenskultur. In K. Stulle (Hrsg.), *Digitalisierung der Management-Diagnostik. Aktuelle Instrumente, Trends, Herausforderungen* (S. 331–349). Springer Gabler.

Bauer, T. N., & Green, G. (1994). Effect of newcomer involvement in work-related activities: A longitudinal study of socialization. *Journal of Applied Psychology, 79*(2), 211–223.

Bauer, T. N., Bodner, T., Erdogan, B., Truxillo, D. M., & Tucker, J. S. (2007). Newcomer adjustment during organizational socialization: A meta-analytic review of antecedents, outcomes, and methods. *Journal of Applied Psychology, 92*(3), 707–721.

Carr, J. Z., Schmidt, A. M., Ford, J. K., & DeShon, R. P. (2003). Climate perceptions matter: A meta-analytic path analysis relating molar climate, cognitive and affective states, and individual level work outcomes. *Journal of Applied Psychology, 88*(4), 605.

Chao, G. T., O'Leary-Kelly, A. M., Wolf, S., Klein, H. J., & Gardner, P. D. (1994). Organizational socialization: Its content and consequences. *Journal of Applied Psychology, 79*, 730–743.

Collisson, B., & Howell, J. L. (2014). The liking-similarity effect: Perceptions of similarity as a function of liking. *The Journal of Social Psychology, 154*(5), 384–400.

De Cooman, R., Gieter, S. D., Pepermans, R., Hermans, S., Bois, C. D., Caers, R., & Jegers, M. (2009). Person – organization fit: Testing socialization and attraction – selection – attrition hypotheses. *Journal of Vocational Behavior, 74*(1), 102–107.

De Cuyper, N., De Jong, J., De Witte, H., Isaksson, K., Rigotti, T., & Schalk, R. (2008). Literature review of theory and research on the psychological impact of temporary employment: Towards a conceptual model. *International Journal of Management Reviews, 10*(1), 25–51.

Dean, R. A., & Wanous, J. P. (1983, August 26–30). Reality shock and commitment: A study of new employees' expectations. *Paper presented at the Annual Convention of the American Psychological Association.* Anaheim.

Dickson, M. W., Resick, C. J., & Goldstein, H. (2008). Seeking explanations in people not in the results of their behavior: Twenty-plus years of the attraction – selection – attrition model. In B. Smith (Hrsg.), *The people make the place: Exploring dynamic linkages between individuals and organizations* (S. 5–36). Psychology Press.

Felser, G., & Bloßfeld, B. (2003). *Die Bereitschaft ein Commitment einzugehen als differentielles Merkmal: Messung des Konstruktes und erste Befunde.* 7. Arbeitstagung für Differentielle Psychologie, Persönlichkeitspsychologie und Psychologische Diagnostik der Deutschen Gesellschaft für Psychologie, Martin-Luther-Universität Halle-Wittenberg.

Festinger, L. (1957). *A theory of cognitive dissonance.* Stanford University Press.

Frese, M. (1982). Occupational socialization and psychological development: An underemphasized research perspective in industrial psychology. *Journal of Occupational Psychology, 55*(3), 209–224.

Griffeth, R. W., Allen, D. G., & Barrett, R. (2006). Integration of family-owned business succession with turnover and life cycle models: Development of a successor retention process model. *Human Resource Management Review, 16*(4), 490–507.

Haski-Leventhal, D., & Bargal, D. (2008). The volunteer stages and transitions model: Organizational socialization of volunteers. *Human Relations, 61*(1), 67–102.

Heider, F. (1958). *The psychology of interpersonal relations*. Wiley.

Hoffman, B. J., & Woehr, D. J. (2006). A quantitative review of the relationship between person – organization fit and behavioral outcomes. *Journal of Vocational Behavior, 68*(3), 389–399.

Jesús Bravo, M., Maria Peiró, J., Rodriguez, I., Whitely, T., & W. (2003). Social antecedents of the role stress and career-enhancing strategies of newcomers to organizations: A longitudinal study. *Work & Stress, 17*(3), 195–217.

Jöns, I., Hodapp, M., & Weiss, K. (2005). Kurzskala zur Erfassung der Unternehmenskultur. *Mannheimer Beiträge zur Wirtschafts- und Organisationspsychologie, 3*, 3–10.

Kammeyer-Mueller, J., Wanberg, C., Rubenstein, A., & Song, Z. (2013). Support, undermining, and newcomer socialization: Fitting in during the first 90 days. *Academy of Management Journal, 56*(4), 1104–1124.

Kristof, A. L. (1996). Person-organization fit: An integrative review of its conceptualizations, measurement, and implications. *Personnel Psychology, 49*(1), 1–49.

Mathieu, J. E., & Zajac, D. M. (1990). A review and meta-analysis of the antecedents, correlates, and consequences of organizational commitment. *Psychological Bulletin, 108*, 171–194.

McDonald, D. J., & Makin, P. J. (2000). The psychological contract, organizational commitment and job satisfaction of temporary staff. *Leadership & Organization Development Journal, 21*(2), 84–91.

Meyer, J. P., & Allen, N. J. (1991). A three-component conceptualization of organizational commitment. *Human Resource Management Review, 1*(1), 61–89.

Miller, V. D., & Jablin, F. M. (1991). Information seeking during organizational entry: Influences, tactics, and a model of the process. *The Academy of Management Review, 16*, 92–120.

Montoya, R. M., Horton, R. S., & Kirchner, J. (2008). Is actual similarity necessary for attraction? A meta-analysis of actual and perceived similarity. *Journal of Social and Personal Relationships, 25*(6), 889–922.

Mowday, R. T., Porter, L. W., & Steers, R. M. (1982). *Employee organizational linkages*. Academic Press.

Nerdinger, W. (2019a). Gravitation und organisationale Sozialisation. In F. W. Nerdinger, G. Blickle, & N. Schaper (Hrsg.), *Arbeits- und Organisationspsychologie* (4. Aufl., S. 81–94). Springer.

Nerdinger, W. (2019b). Organisationsklima und Organisationskultur. In F. W. Nerdinger, G. Blickle, & N. Schaper (Hrsg.), *Arbeits- und Organisationspsychologie* (4. Aufl., S. 163–177). Springer.

Ostroff, C. (1993). The effects of climate and personal influences on individual behavior and attitudes in organizations. *Organizational Behavior and Human Decision Processes, 56*(1), 56–90.

Ostroff, C., Kinicki, A. J., & Tamkins, M. M. (2003). Organizational culture and climate. In W. C. Borman & D. R. Ilgen (Hrsg.), *Handbook of psychology: Industrial and organizational psychology* (Bd. 12, S. 565–593). Wiley.

Phillips, J. M. (1998). Effects of realistic job previews on multiple organizational outcomes: A meta-analysis. *Academy of Management Journal, 41*(6), 673–690.

Premack, S. L., & Wanous, J. P. (1985). A meta-analysis of realistic job preview experiments. *Journal of Applied Psychology, 70*(4), 706–771.

Reichers, A. E. (1987). An interactionist perspective on newcomer socialization rates. *Academy of Management Review, 12*(2), 278–287.

Schein, E. H. (1968). Organizational socialization and the profession of management. *Industrial Management Review, 30*(1), 1–16.

Literatur

Schneider, B. (1987). The people make the place. *Personnel Psychology, 40*(3), 437–453.

Schneider, B., Goldstein, H. W., & Smith, D. B. (1995). The Asa framework: An update. *Personnel Psychology, 48*(4), 747–773.

Schneider, B., Ehrhart, M. G., & Macey, W. H. (2013). Organizational climate and culture. *Annual Review of Psychology, 64*(1), 361–388.

Van Den Berg, P. T., & Wilderom, C. P. M. (2004). Defining, measuring, and comparing organizational cultures. *Applied Psychology, 53*(4), 570–582.

Van Maanen, J. E., & Schein, E. H. (1979). Toward a theory of organizational socialization. In B. M. Staw (Hrsg.), *Research in organizational behavior* (Bd. 1, S. 209–264). JAI Press.

Wanous, J. P. (1973). Effects of a realistic job preview on job acceptance, job attitudes, and job survival. *Journal of Applied Psychology, 58*(3), 327–332.

Zajonc, R. B., Adelmann, P. K., Murphy, S. T., & Niedenthal, P. M. (1987). Convergence in the physical appearance of spouses. *Motivation & Emotion, 11*, 335–346.

Führung in Organisationen

Inhaltsverzeichnis

7.1 Führung und Persönlichkeit – 114
7.1.1 Charisma – 114
7.1.2 Persönlichkeitsmerkmale und Führungserfolg – 115
7.1.3 „Dunkle Triade" und Führungserfolg – 116
7.1.4 Führungskompetenzen – 117

7.2 Führung und Verhalten – 119
7.2.1 Aufgaben- und mitarbeiterorientierte Führung – 120
7.2.2 Transaktionale und transformationale Führung – 122
7.2.3 Ethische Führung – 124
7.2.4 Agile Führung – 124

7.3 Situative Einflüsse – 126

7.4 Passung als Rahmenmodell der Führung – 127

Literatur – 131

© Der/die Autor(en), exklusiv lizenziert an Springer-Verlag GmbH, DE,
ein Teil von Springer Nature 2024
P. M. Bak, *Arbeits- und Organisationspsychologie*, Angewandte Psychologie Kompakt,
https://doi.org/10.1007/978-3-662-68597-6_7

Lernziele
- Erklären können, was man unter Führung verstehen kann
- Verschiedene Führungstheorien beschreiben und gegenüberstellen können
- Führungserfolg problematisieren können
- Die „dunkle Seite" der Führung kennen
- Führungskompetenzen beschreiben können
- Beschreiben können, was man unter aufgaben- und mitarbeiterorientierter Führung versteht
- Transaktionale und transformationale Führung vergleichen können
- Merkmale ethischer Führung kennen
- Die Idee, „Führung als Passung" erläutern können

Einführung

Haben wir im vorangehenden Kapitel die Einflüsse der Organisation als solche auf individuelles Erleben und Verhalten betrachtet, steht im Folgenden die Führung als weiterer, sehr bedeutsamer Einflussfaktor im organisationalen Kontext im Mittelpunkt. Führung kann dabei allgemein als absichtliche und zielbezogene Einflussnahme von bestimmten Personen, in der Regel Vorgesetzte, auf andere Personen (Untergebene) mithilfe von Kommunikationsmitteln verstanden werden (von Rosenstiel, 2006). Führung, so diese Definition, ist daher stets auch eine Konstruktion von (formalen) Machtunterschieden (Bak, 2024). Führung wird dabei als wesentlicher Faktor des Unternehmenserfolgs angesehen. Diesem Gedanken liegt die implizite Prämisse zugrunde, dass sich Erfolg nicht etwa durch Selbstorganisation der Beteiligten ergibt, sondern der Führung durch die Führungskraft bedarf.

Betrachtet man das Führungsgeschehen von außen, dann wird man beobachten, dass eine Person (die Führungskraft) mit bestimmten Eigenschaften in einer Organisation in einer Situation ein bestimmtes Verhalten zeigt, das von anderen Personen (den geführten Mitarbeitern und Mitarbeiterinnen) mit bestimmten Eigenschaften bewertet und mit einem bestimmten Verhalten beantwortet wird. Dieses Verhalten führt zu einem Ergebnis, welches wiederum von allen beteiligten Personen (nach definierten Kriterien) bewertet und nach Erfolg beurteilt wird (Nerdinger, 2019). Gegebenenfalls sind weitere Verhaltensweisen nötig, um das gewünschte Ergebnis zu erhalten (◘ Abb. 7.1).

Führung in Organisationen

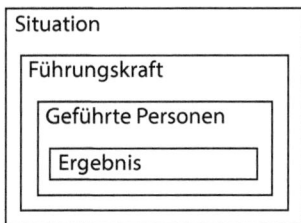

Abb. 7.1 Der Führungsprozess

Auf das Führungsgeschehen haben neben den personalen Faktoren der Führungskraft und der geführten Personen auch organisationale Randbedingungen (Kultur, Klima, Organisationsziele, etc.) sowie situative externe wie interne Faktoren Einfluss (Marktbedingungen, interne Organisationssituation).

Der Führungserfolg kann unterschiedlich operationalisiert werden (vgl. dazu z. B. von Rosenstiel, 2006). Was Kriterien für eine erfolgreiche Führung sein sollen, wird häufig nicht explizit gemacht, sondern als allgemein bekannt oder akzeptiert vorausgesetzt. Dies ist insofern problematisch, als die Beurteilung des Führungsgeschehen erst dann Sinn ergibt, wenn man zuvor die zu erreichenden Kriterien definiert hat. Diese können beispielsweise ökonomischer Natur sein oder darin bestehen, dass eine Aufgabe zu einem bestimmten Zeitpunkt erledigt ist. Es können aber auch weitere Kriterien des Führungserfolgs genannt werden, beispielsweise der mit der Zielerreichung verbundene Aufwand (Zeit, Ressourcen), die Effizienz (Nutzung vorhandener Ressourcen) bei der Zielerreichung, die Zufriedenheit der Beteiligten mit der Zielerreichung und dem Zielerreichungsprozess, soziale Faktoren, wie beispielsweise das Verhältnis zwischen Führungskraft und Geführten oder der Geführten untereinander, oder auch, ob das Führungsgeschehen moralischen Anforderungen genügt, um nur einige weitere Kriterien zu nennen.

Kriterien von Führungserfolg

Führungstheorien versuchen nun, das Führungsgeschehen allgemein zu beschreiben und Ursachen für erfolgreiche Führung zu identifizieren. Wie eben bereits festgehalten, wird dabei selten das Zielkriterium für den Führungserfolg explizit genannt. In vielen Fällen wird Führungserfolg vermutlich als Kombination von effizienter Zielerreichung und Sozialverträglichkeit konzipiert sein.

Führungstheorien unterscheiden häufig, ob sie die Persönlichkeit und Eigenschaften der Führungskraft in den Mittelpunkt rücken oder sich eher mit dem Führungsverhalten beschäftigen. Wir werden diese Perspektiven noch ergänzen und Führung später als Passung bezeichnen.

7.1 Führung und Persönlichkeit

Lange Zeit stand vor allem die Führungsperson im Mittelpunkt der Betrachtungen. Die Frage war, ob sich bestimmte Merkmale einer Person identifizieren lassen, die Führungserfolg vorhersagen. Solche Merkmale können Persönlichkeitseigenschaften sein, aber auch Einstellungen, Überzeugungen oder das Selbstkonzept. Ein solches Merkmal, das häufig in Führungstheorien untersucht wird, ist beispielsweise Charisma (z. B. Steyrer, 1998).

7.1.1 Charisma

Die dunkle Seite des Charismas

Unter Charisma versteht man eine „außeralltäglich (…) geltende Qualität einer Persönlichkeit", die von anderen als „gottgesendet oder als vorbildlich und deshalb als ‚*Führer*' gewertet wird" (Weber, 2013, S. 490). Eine Person mit Charisma besitzt also außergewöhnliche Anziehungskraft und ist für andere Menschen ein visionäres Vorbild und Anführer. Martin Luther King oder Mahatma Ghandi verkörpern solch charismatische Führerpersönlichkeiten. Stellt sich die Frage, ob charismatische Führerpersönlichkeiten auch Organisationen zum Erfolg führen können. Vergauwe et al. (2018) führen folgende Einwände dagegen an: Beispielsweise kann das Selbstvertrauen charismatischer Personen auch in Verbindung mit Selbstüberschätzung oder Narzissmus gebracht werden. Der durch die Führungsperson ausgelöste Enthusiasmus kann die Aufmerksamkeit in der Organisation von wichtigen Sachproblemen ablenken. Die hohe Risikotoleranz und Überzeugungskraft von charismatischen Personen könnten in manipulatives und ausbeuterisches Verhalten umschlagen, ein Verhalten, das mit Machiavellismus assoziiert ist (Deluga, 2001). Charismatische Personen werden zudem als exzentrisch und extrem kreativ beschrieben, was ebenfalls als Bedrohung innerhalb der Organisation wahrgenommen werden kann, das eine (exzentrisch), weil es sozial unverträglich sein kann, das andere (kreativ), weil es andere überfordern kann. Sie kommen zu dem Schluss, dass sich sowohl ein niedriger als auch ein zu hoher Level an Charisma negativ auf den Organisationserfolg auswirken kann. Geringes Charisma bedeutet, geringes Vertrauen, geringe visionäre Kraft und zu geringe Dynamik der Führungskraft. Ein zu hohes Charisma könnte sich wegen der hohen Selbstbezogenheit, Arroganz und dramatischen Aufmerksamkeitseffekten ebenfalls negativ auf die Führungseffektivität niederschlagen. Charisma hat also nicht nur gute, sondern auch seine dunklen Seiten (vgl. „The dark side of charisma", Hogan et al., 1990).

7.1 · Führung und Persönlichkeit

> **Blick in die Praxis: Elon Musk**
> Beim Thema charismatischer Führer denken viele vielleicht auch an den Multimilliardär Elon Musk, den man wohl als einen der erfolgreichsten Gründer unserer Zeit bezeichnen kann. Er hat nicht nur die Bezahlplattform Paypal gegründet, sondern auch das Raumfahrtunternehmen SpaceX und den Autokonzern Tesla. Lange Zeit stand der Name Musk für grenzenlosen Erfolg. Kritik an seinem Führungsstil und seinem unternehmerischen Handeln war angesichts seines unternehmerischen Erfolgs eher selten. Auf dem Höhepunkt seines Vermögens und seiner Macht übernahm er im Jahr 2022 spektakulär und nach langem Hin und Her den Microbloggingdienst Twitter, eine aus vielen Gründen sehr umstrittene Übernahme. Eine seiner ersten Amtshandlungen bestand darin, den Vorstand und tausende von Mitarbeitern zu entlassen. Zudem befürchteten viele Twitter-Nutzer eine Bevormundung durch Musk bzw. die Zunahmen an Hassbotschaften. Die Übernahme hat dem Image des Erfolgsmenschen Musk geschadet. Der Spiegel betitelte am 18. November 2022 einen Online-Beitrag mit „Der Zerstörer. Wie Elon Musk Twitter zugrunde richtet".

Neben Charisma gibt es noch eine Reihe anderer Merkmale, die in Verbindung mit Führungserfolg gebracht werden, z. B. Intelligenz, Kreativität und bestimmte weitere Persönlichkeitsmerkmale wie etwa Extraversion. Umgekehrt werden persönliche Eigenschaften auch im Zusammenhang mit problematischer Führung diskutiert. Schauen wir uns das etwas genauer an.

7.1.2 Persönlichkeitsmerkmale und Führungserfolg

Zu den häufig untersuchten Persönlichkeitsmerkmalen auch im beruflichen Kontext gehört Intelligenz (Schuler & Höft, 2006). Und es ist davon auszugehen, dass Intelligenz der eignungsdiagnostische Prädiktor für alle Berufe sein muss, in denen kognitive Fähigkeiten wichtig sind (Schuler & Höft, 2006). Kaum überraschend findet sich auch ein Zusammenhang mit Führungserfolg, der allerdings insgesamt gering ausfällt. Eine Metaanalyse mit über 96 Studien von Judge, Colbert und Ilies (2004) liefert hierfür beispielsweise einen Wert von $r = 0{,}27$. Es ist ferner davon auszugehen, dass dieser Zusammenhang je nach Berufsgruppe und Aufgabenanforderungen höher oder niedriger ausfällt (Salgado et al.,

Nur schwache Zusammenhänge

2003). Für Kreativität kann das Gleiche gesagt werden. Auch sie ist zweifelsohne wichtig, wenn man Führung als problemlösendes Verhalten ansieht (Mumford & Connelly, 1991), ist aber auch nur eine Facette von Führung und abhängig von den Führungsaufgaben. Neben diesen beiden Grundkompetenzen sind auch die Big Five (Gewissenhaftigkeit, Extraversion, Neurotizismus, Verträglichkeit, Offenheit für neue Erfahrungen; McCrae & Costa, 1987; Goldberg, 1990) immer wieder Gegenstand von Untersuchungen zum Führungserfolg gewesen. In einer Übersichtsarbeit finden Judge et al. (2002) folgende, insgesamt eher schwache Korrelationen der Merkmale mit Führungserfolg: Neurotizismus −0,24, Extraversion 0,31, Offenheit für neue Erfahrungen 0,24, Verträglichkeit 0,08, Gewissenhaftigkeit 0,28. Zusammenfassend lassen diese Betrachtungen kaum den Schluss zu, dass Persönlichkeitsmerkmale zwar eine Rolle bei der Beurteilung des Führungsverhaltens spielen, es die Führungspersönlichkeit an und für sich aber nicht gibt.

7.1.3 „Dunkle Triade" und Führungserfolg

Geschlechtsunterschiede

Persönlichkeitsmerkmale sind aber nicht nur als Prädiktoren für Führungserfolg von Interesse, manche Eigenschaften stehen auch unter Verdacht, das Gegenteil zu bewirken und „toxisch" zu wirken (Schyns et al., 2022). Insbesondere gilt dies für die drei Merkmale Narzissmus, Machiavellismus und (subklinische) Psychopathie, die als „dunkle Triade" (Paulhus & Williams, 2002) bezeichnet werden. Kommt noch das Merkmal Sadismus hinzu, wird daraus die „dunkle Tetrade" (Chabrol et al., 2009). Narzissten zeichnen sich dabei dadurch aus, dass sie für ihre Genialität bewundert werden möchten. Psychopathen sind impulsiv, wenig einfühlsam und haben auch sich selbst nicht unter Kontrolle. Für Machiavellisten heiligt der Zweck alle Mittel, sie sind kühl und berechnend. Sadisten wiederum empfinden Freude daran, andere physisch wie psychisch zu verletzen. Auf den ersten Blick vermutet man, dass eine Person, die solche Merkmale auf sich vereint, nicht nur kein angenehmer Zeitgenosse sein kann, sondern auch keine gute Führungskraft. Studien dazu vermitteln allerdings ein differenzierteres Bild. Während sich für Machiavellismus und Psychopathie eher negative Auswirkungen auf Führungserfolg zeigen (Bedell et al., 2006; Landay et al., 2019), muss insbesondere Narzissmus differenziert betrachtet werden. Narzisstisches Verhalten hat auch positive Effekte auf (wahrgenommenen) Führungserfolg (Braun, 2017; Volmer et al., 2016). Narzisstisches Verhalten kann beispielsweise auch als Ausdruck von Macht und Kompetenz verstanden werden, was dann entsprechende Attributionsprozesse zugunsten der Führungsperson auslöst. Allerdings scheint das nicht für Männer und Frauen gleichermaßen zu gelten, sondern vornehmlich für Männer. Narzisstischen Frauen fehlen stereotype Geschlechtsmerkmale wie Freundlichkeit, sie zeigen stattdessen eher männlich stereotype Verhaltensweisen, wie Arroganz, worunter der (zugeschriebene) Führungserfolg insbesondere von männlichen Untergebenen leidet (De Hoogh et al., 2015).

7.1.4 Führungskompetenzen

Was muss nun eine gute Führungskraft mitbringen, welche Eigenschaften bzw. Kompetenzen braucht sie? Kann man gute Führung auch lernen?

Führungskompetenzen werden häufig in kognitive, affektive, behaviorale und soziale Kompetenzen eingeordnet. Zu den kognitiven Kompetenzen gehören beispielsweise die Fähigkeit zur differenzierten Wahrnehmung, effiziente Gedächtnisnutzung, gute Problemlösefähigkeit und ausgeprägte Denkfähigkeit. Zu den affektiven Kompetenzen können wir dagegen die Fähigkeit zur Emotionserkennung und Emotionsregulation rechnen. Soziale Fähigkeiten wiederum beinhalten Kommunikationsfähigkeit, Empathie oder Einfühlungsvermögen. Zu den behavioralen Kompetenzen zählen Initiative, Planungsfähigkeit, Zeitmanagement und allgemeine Handlungskompetenz. Es gibt zahlreiche Versuche, diejenigen Kompetenzen ausfindig zu machen, die tatsächlich für Führungserfolg verantwortlich sind, mit mäßigem Erfolg: Unternehmen, Organisationen und die dort ablaufenden Prozesse sind zu unterschiedlich, als dass man hierfür ein generalisierbare Kompetenzprofil angeben könnte.

Gibt es vielleicht übergeordnete Kompetenzen, also Metakompetenzen oder Kernkompetenzen, die eine Rolle spielen? Für international agierende Unternehmen und deren Führungskräfte zählt Jokinen (2005) solche Metakompetenzen auf, beispielsweise folgende globale Führungskompetenzen (*global leadership competencies*): Selbsterkenntnis, Engagement für den persönlichen Wandel und Wissbegierde. Zu den wünschenswerten mentalen Eigenschaften globaler Führungskräfte zählt sie: Optimismus, Selbstregulierung, soziale Urteilsfähigkeit, Einfühlungsvermögen, Motivation zur Arbeit in einem internationalen Ambiente, kognitive Fähigkeiten und die Akzeptanz von Komplexität und deren Widersprüchen.

Global leadership competencies

Es finden sich aber auch noch andere Kompetenzlisten. Alban-Metcalfe und Alimo-Metcalfe (2013) untersuchten beispielsweise folgende Kompetenzen: Vielfalt respektieren, individuelles Potenzial entwickeln, Kommunikationsfähigkeit, Teamentwicklung, Planung, Stakeholderbewusstsein, Zukunftsorientierung, Commitment zu Exzellenz, persönliche Qualitäten, Fähigkeit zur Reflexion. Mumford et al. (2017) identifizierten neun Schlüsselkompetenzen, die von Führungspersonen eingesetzt werden, um Führungsprobleme zu lösen (Fähigkeit, das Problem zu definieren, Ursachen-/Zielanalyse, Analyse der Randbedingungen, Planung, Vorhersage, kreatives Denken, Bewertung von Ideen, Weisheit und Sinngebung/Vision).

Politische Fertigkeiten Auch die sogenannten politischen Fertigkeiten (Mintzberg, 1985), also alle Fertigkeiten, die man braucht, um Menschen in Organisationen zu überzeugen und zu manipulieren, wie etwa sozialer Scharfsinn, interpersonaler Einfluss, Fertigkeiten zur Netzwerkbildung und (scheinbare) Aufrichtigkeit (Ferris et al., 2007) haben sich in Studien als prädiktiv für Führungserfolg erwiesen (Wihler et al., 2016).

Leadership vs. Management Diese Beispiele von Führungskompetenzen sollen reichen, um zu verdeutlichen, dass es weder eine einheitliche Betrachtungsebene zu Führungskompetenzen gibt (konkret und handlungsbasierend vs. abstrakt und einstellungsbasierend), noch eine einheitliche Vorstellung darüber, was zu den Führungskompetenzen gezählt werden soll und was nicht. Auch sind die Führungsaufgaben so unterschiedlich (von der Führung eines ganzen, international agierenden Unternehmens bis zur Führung eines Teams; von kognitiv herausfordernden zu nur körperlichen Tätigkeiten), dass es kaum sinnvoll erscheint, dafür einen gemeinsamen Nenner finden zu wollen. Zur Abgrenzung der unterschiedlichen Führungsaufgaben wird daher auch häufig zwischen *Leadership* und *Management* unterschieden (z. B. Bolden & Gosling, 2006; Răducan & Răducan, 2014). Unabhängig von diesen begrifflichen und konzeptuellen Klärungsversuchen stellt sich die Frage, ob man allgemeine Kompetenzen identifizieren möchte oder ob man sich auf spezifische Führungskompetenzen fokussiert. Sucht man erstere, dann eignen sich diese Metakompetenzen kaum, um damit auf spezifische Führungsanforderungen in unterschiedlichen Settings, Branchen und Situationen eingehen zu können; sucht man dagegen eher spezifische Kompetenzen, so lassen sich diese kaum verallgemeinern. Wir folgen an dieser Stelle Bolden und Gosling (2006), die in dem Kompetenzansatz einen sich dauernd wiederholenden Refrain erkennen, „der weiterhin ein illusorisches Versprechen zur Rationalisierung und Vereinfachung der Prozesse zur Auswahl, Messung und Entwicklung von Führungskräften bietet, aber nur einen Bruchteil der Komplexität von Führung widerspiegelt" (Bolden & Gosling, 2006, S. 147; übersetzt vom Autor).

Die Suche nach den Führungsfähigkeiten hat bislang nicht das gewünschte Ergebnis erbracht. Kompetenzen beschreiben auch nur, was eine Führungskraft mitbringen muss, sie beschreiben aber nicht das „Wie", also wie sie sich verhalten muss, um erfolgreich zu sein (Alban-Metcalfe & Alimo-Metcalfe, 2013).

7.2 Führung und Verhalten

Eine andere Möglichkeit, sich mit Führung zu beschäftigen, ist die Betrachtung des Führungsstils. Darunter kann man ein erlernbares und generalisiertes Verhalten verstehen. Wäre Führungserfolg Ergebnis dispositionaler Eigenschaften, dann müsste man die richtigen Führungskräfte ausfindig machen. Ist Führung dagegen erlernbares Verhalten, dann eröffnen sich ganz neue Möglichkeiten bei deren Optimierung bzw. dem Erlernen von Führung.

Führungsstil

Eine bis heute sehr bekannte und häufig rezipierte Unterscheidung von Führungsverhalten stammt von Lewin, Lippitt und White (1939). In deren Studien wurden zwar die Auswirkung von unterschiedlichem Führungsverhalten auf Jugendliche untersucht, die Ergebnisse lassen sich jedoch problemlos auch auf Führungsverhalten in Organisationen übertragen. Die Autoren unterscheiden zwischen autoritärem, demokratischem und Laissez-faire-Führungsstil. Der autoritäre Stil zeichnet sich dadurch aus, dass die Führungskraft alles bestimmt, d. h. was wann wie getan werden muss. Zwischen Führungskraft und Angestellten gibt es eine klare Trennung. Dieser Stil kann erfolgreich sein, wenn die Zeit zur Aufgabenerfüllung knapp bemessen ist oder die Angestellten über nur wenig Fachwissen verfügen. Der demokratische Führungsstil, der den Autoren nach der effektivste ist und zu den qualitativ besten Ergebnissen führt, zeichnet sich dadurch aus, dass die Führungskräfte zwar durchaus Anweisungen geben, die Angestellten können aber auch eigene Beiträge einbringen. Außerdem beteiligt sich die Führungskraft auch selbst an der Arbeit. Der Laissez-faire-Stil ist eigentlich nicht wirklich als Führungsstil zu bezeichnen, da hier keine Führung im eigentlichen Sinne stattfindet, vielmehr wird die Arbeitsausführung den Angestellten selbst überlassen. Dies kann u. U., etwa bei hoch qualifiziertem Personal, erfolgreich sein, führt aber häufig zu Motivationsdefiziten oder Rollenkonflikten (◘ Abb. 7.2).

Autoritärer, demokratischer und Laissez-faire-Stil

Abb. 7.2 Führung kann ganz unterschiedlich sein. (© Kateryna Naegler)

7.2.1 Aufgaben- und mitarbeiterorientierte Führung

Managerial-Grid-Training

Häufig wird zwischen aufgabenorientierter (*initiating structure*) und mitarbeiterorientierter (*consideration*) Führung unterschieden (Fleishman & Peters, 1962). Bei der aufgabenorientierten Führung steht der Arbeitsauftrag im Vordergrund,

d. h. die Führungskraft gibt eindeutige Ziele vor und verteilt die Arbeit entsprechend der Kompetenzen ihrer Mitarbeiter und Mitarbeiterinnen. Die Arbeit und Zielerreichung werden überwacht und entsprechend entlohnt. Als Führungserfolg wird die Aufgabenerledigung gewertet. Die mitarbeiterorientierte Führung ist dagegen eher partizipativ bzw. kooperativ, d. h. die Mitarbeiter und Mitarbeiterinnen werden bei Entscheidungen beteiligt, ihre Bedürfnisse berücksichtigt. Die Führungskraft ist an einer guten Beziehung zu ihren Mitarbeitern und Mitarbeiterinnen interessiert. Beide Führungsstile schließen sich nicht aus (Blake & Mouton, 1964). In Bezug auf den Führungserfolg, Mitarbeiterzufriedenheit und Leistung finden sich sowohl für aufgaben- als auch mitarbeitermotivierte Führung positive Zusammenhänge (Judge et al., 2004). Idealerweise werden in Führungszusammenhängen beide Facetten berücksichtigt. Es wird also dafür gesorgt, dass die Aufgabe befriedigend gelöst wird und zeitgleich die Bedürfnisse der Mitarbeiter und Mitarbeiterinnen berücksichtigt werden. Es gibt sogar ein eigenes Trainingsprogramm (Blake & Mouton, 1964, 1966), in dem anhand eines Führungsgitters (*managerial grid*) die Führungskräfte in eher Aufgaben- bzw. Mitarbeiterorientierung eingeteilt werden. Je nach Position kann dann durch entsprechendes Training gezielt zu einer stärkeren Aufgaben- bzw. Mitarbeiterorientierung verholfen werden. Das bis heute eingesetzte Führungsgittertraining hat jedoch nicht immer den gewünschten Effekt, insbesondere wenn die entsprechende Änderungsmotivation fehlt (Keller, 1978).

> **Blick in die Praxis: Führungsgitter (managerial grid)**
> Das Führungsgitter (Blake & Mouton, 1964) besteht aus $9 \times 9 = 81$ Feldern (◘ Abb. 7.3), die möglichen Kombinationen aus aufgaben- und mitarbeiterorientierter Führung entsprechen. Dabei gilt dann die Ausprägung 9,9 als ideale Form der Führung, weil beide Führungsstile gleichermaßen vorhanden sind. Die Position 9,1 ist eine Führung, die auf Befehl und Gehorsam setzt, allein die Arbeitsergebnisse sind wichtig. In der Mitte haben wir einen Kompromiss zwischen den Führungsstilen, der zu einer mittleren Leistung führt. Die Position 1,1 ist der denkbar schlechteste Stil, keine Dimension ist ausgeprägt. Die Position 1,9 wiederum fokussiert (zu sehr) auf die Mitarbeiter, was sich negativ auf die Leistung auswirkt.

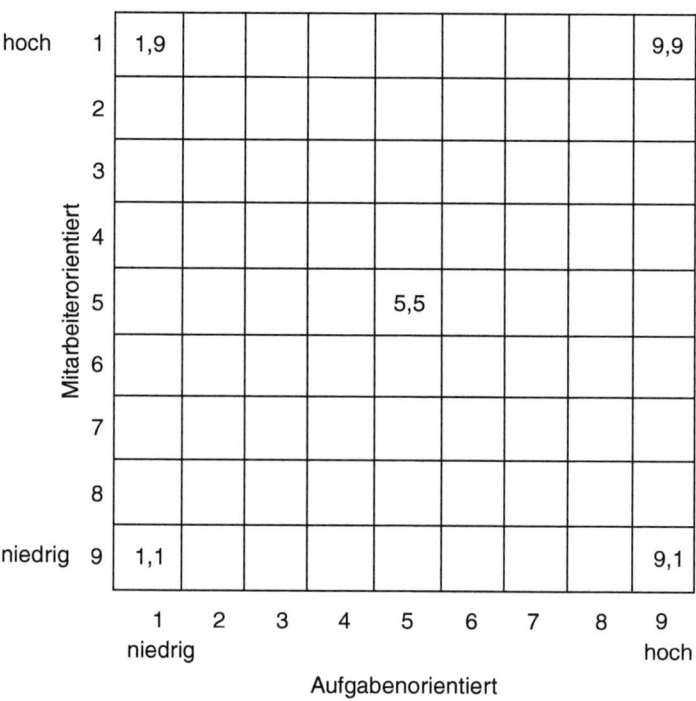

D Abb. 7.3 Beispiel Führungsgitter

7.2.2 Transaktionale und transformationale Führung

Maximalnutzen

Auch in der von Bass und Avolio (z. B. 1990; 1993) entwickelten Idee einer transformationalen Führung spielt der aufgaben- und mitarbeiterorientierte Führungsstil eine Rolle. Um die transformationale Führung besser verstehen zu können, ist zunächst die transaktionale Führung – als ein Standardfall – zu betrachten. Bei diesem Führungsstil geht es darum, aus den unterschiedlichen Interessen von Führungskräften und Mitarbeitern und Mitarbeiterinnen eine Win-win-Situation herzustellen. Die Führungskraft möchte ein bestimmtes Ziel erreichen, die Mitarbeiter und Mitarbeiterinnen möchten dagegen z. B. eine gute Entlohnung und womöglich Karriere machen. Sie sind extrinsisch motiviert. Wenn es gelingt, diese unterschiedlichen Bedürfnisse zu vereinen, dann kann daraus ein Vorteil für beide Seiten entstehen. Solch eine Einigung könnte z. B. darin bestehen, dass die Führungskraft ihre Mitarbeiter und Mitarbeiterinnen bei deren Bedürfnisbefriedigung unterstützt und umgekehrt Letztere sich dafür engagiert bei der Zielerreichung beteiligen. Dies gelingt dann gut, wenn klare Kriterien der Bedürfniserreichung angegeben werden können. Führungskraft sowie Mitarbeiter und Mitarbeiterinnen sind hier gewissermaßen voneinander abhängig, was sie kooperieren lässt. Solch eine transaktionale Führung basiert auf einer rationalen Haltung beider Seiten und versucht daraus einen gegenseitigen Maximalnutzen abzuleiten.

Die transformationale Führung setzt dagegen weniger auf rationale Überlegungen und stattdessen auf eine emotionale Beeinflussung. Ziel ist es, dass sich die Mitarbeiter und Mitarbeiterinnen mit der Organisation und den anstehenden Aufgaben so identifizieren, dass sie den Organisationserfolg als ihren eigenen Erfolg ansehen. Sie sind nunmehr intrinsisch motiviert. Die Wünsche und Bedürfnisse der Beschäftigten sollen also verwandelt (transformiert) werden, weg von der rein extrinsischen Betrachtung hin zu einer höheren, intrinsischen Perspektive. Nur dann, so die Idee, sind Höchstleistungen zu erwarten.

Ein transformationaler Führungsstil setzt im Wesentlichen auf vier Techniken. Zunächst den **idealisierten Einfluss**. Hierbei geht es darum, Werte und Ideale zu vermitteln, die von der Führungsperson vorgelebt werden. Dadurch verschafft sie sich Respekt, Bewunderung und Vertrauen. Zweitens muss die Führungsperson ihre Mitarbeiter und Mitarbeiterinnen durch **inspirierende Visionen** über bedeutungsvolle Ziele begeistern und dadurch intrinsisch motivieren. Drittens geht es um die **intellektuelle Stimulierung** der Beschäftigten. Sie müssen dazu angeregt und stimuliert werden, ihre kreativen und intellektuellen Fähigkeiten zu nutzen, Dinge in Frage zu stellen und Prozesse zu optimieren. Schließlich geht es darum, jeden Einzelnen **individuell zu betrachten** und zu coachen und damit individuelle Bedürfnisse besser zu berücksichtigen und individuelle Stärken besser zu nutzen.

> Von extrinsisch zu intrinsisch

Zur Erfassung des transformationalen und transaktionalen Führungsstils bietet sich der *Multifactor Leadership Questionnaire* (Bass & Avolio, 1990; deutsche Fassung von Rowold, 2005) an. Die Befundlage zu den beiden Führungsstilen ist allerdings nicht eindeutig. Judge und Piccolo (2004) finden in ihrer Metastudie beispielsweise vergleichbare Korrelationen zwischen transaktionaler und transformationaler Führung mit Arbeitszufriedenheit und Leistungsmotivation, mit leichtem Vorteil für die transformationale Führung (zusammengefasst $r = 0{,}44$) gegenüber der transaktionalen ($r = 0{,}39$). Allerdings sei hier der Hinweis gegeben, dass es auch von den Kriterien abhängt, die man als Symptome für einen Führungserfolg misst, ob ein und ggf. welcher Führungsstil geeigneter ist.

7.2.3 Ethische Führung

Ethical Leadership Scale

In den letzten Jahren und vor dem Hintergrund zahlreicher Skandale (Stichwort „Dieselgate") gelangte unter dem Begriff der ethischen Führung ein weiteres Führungsstilmerkmal in den Mittelpunkt der Betrachtungen. Führung, die sich an übergreifenden Normen und Werten orientiert und neben ökonomischen oder personalen Erfolgskriterien auch noch normative Aspekte beinhaltet, kann Kennzeichen einer charismatischen Führungsperson und auch ein wichtiger Bestandteil transformationaler Führung sein (Aronson, 2001; Brown & Treviño, 2006; Bedi et al., 2016). Da sich Führungsverhalten auf das Verhalten der Beschäftigten auswirkt (Brown & Treviño, 2006), kann sich ein entsprechender Führungsstil ganz im Sinne organisationaler Gravitation (▶ Abschn. 6.2) auch positiv auf verantwortungsvolles Verhalten in Organisationen auswirken. Ethische Führung bedeutet dann nicht nur normativ vorbildliches Verhalten, sondern auch die Förderung solchen Verhaltens bei den geführten Personen (Brown & Treviño, 2006). Zu den Merkmalen ethischer Führung gehören beispielsweise Ehrlichkeit, Vertrauenswürdigkeit, Fairness und Fürsorge (Brown et al., 2005). Kalshoven, Den Hartog und De Hoogh (2011) zählen dagegen Fairness, Integrität, ethische Orientierung, Menschenfreundlichkeit, die Bereitschaft, Macht zu teilen, Rollenklärung und die Sorge um Nachhaltigkeit auf, was auf eine gewisse Vagheit des Konzepts der ethischen Führung verweist und nahelegt, dass die Kriterien „ethischen Verhaltens", insbesondere wenn verschiedene Kulturkreise betrachtet werden, unterschiedliche Aspekte aufweisen können. Nichtsdestotrotz zeigen beispielsweise Studien mit der von Brown, Treviño und Harrison (2005) entwickelten eindimensionalen *Ethical Leadership Scale* (ELS), dass sich ethische Führung positiv auf die Führungseffektivität, Zufriedenheit der Beschäftigten, die Bereitschaft, Probleme zu melden oder sich mehr anzustrengen auswirken kann. Studien mit dem mehrfaktoriellen Ethical-Leadership-at-Work(ELW)-Fragebogen von Kalshoven et al. (2011; deutsche Fassung von Block et al., 2015) zeigen ebenfalls positive Zusammenhänge zwischen ethischer Führung und Effektivität, Commitment, Zufriedenheit und Vertrauen in die Führungsperson (ebd.; vgl. auch Bedi et al., 2016).

7.2.4 Agile Führung

Ebenfalls in den letzten Jahren taucht im Zusammenhang mit Führung zunehmend der Begriff der agilen Führung bzw. der agilen Organisation auf (Hofert, 2021; Goldman et al., 1996).

7.2 · Führung und Verhalten

Der Begriff Agilität ist dabei weniger ein konkretes Führungs- bzw. Managementkonzept als vielmehr ein Oberbegriff für eine Reihe von Haltungen, Perspektiven und Visionen zu verstehen, bei dem der Flexibilität und Selbstorganisation besondere Bedeutung zukommt. Agile Führung bedeutet, keine starren Vorgaben zu machen, sondern auf die Erfordernisse der Situation einzugehen und keine Lösung vorzugeben, sondern eher das Finden der Lösung zu organisieren. Im Vordergrund steht das Ergebnis, keine Vorschriften. Damit hat die agile Führung einiges gemeinsam mit dem Laissez-Faire-Führungsstil, wobei letzterer sich noch mehr durch eine völlige Autonomie der Beschäftigten auszeichnet, während bei der agilen Führung die Führungskraft durchaus eine bedeutende Funktion erfüllt. Die Idee der Agilität kommt ursprünglich aus der Softwareentwicklung und wird häufig an Ideen von Reed Hastings, dem Gründer von Netflix, erläutert. Darüber schreibt Christoph Keese (2017):

» „Führungskräfte treten nicht mehr in den Vordergrund, sondern nehmen sich zurück. Sie erteilen kaum noch inhaltliche Vorgaben, sondern stellen die richtigen Fragen und betrauen Teams mit der Suche nach Antworten. Sie verordnen fast keine Regeln mehr, sondern konzentrieren sich auf das Prägen einer eigenen Kultur. Sie reichen keine Anweisungen von oben nach unten durch, sondern verteilen Impulse in alle Richtungen weiter. Sie denken nicht in Planerfüllung, sondern decken Wahrheiten auf, finden Schwachstellen und belohnen Ehrlichkeit. Sie entmündigen nicht, sondern ermuntern zur Freiheit. Sie sind nicht selbstgefällig, sondern stellen sich und ihre Geschäftsmodelle permanent infrage. Sie schützen keine Stärke vor, sondern zeigen Verletzlichkeit. Sie sind nicht unsicher, sondern hüten sich vor allzu großer Selbstsicherheit. Sie befehlen nicht, sondern hören zu. Sie verachten Statussymbole und beziehen Anerkennung aus ihren Projekten. Sie steuern keine Kommandostruktur, sondern koordinieren Arbeitsgruppen." (Keese, 2017, S. 168)

Zu solchen Konzepten passt auch, dass der Softwaregigant Microsoft im Jahr 2023 verkündet hat, dass festangestellte Mitarbeiter und Mitarbeiterinnen künftig unbegrenzt Urlaubstage haben und sich nur noch mit ihren Führungspersonen absprechen müssen. Agile Konzepte setzen also verstärkt auf die Selbstverantwortung und Selbstorganisation der Beschäftigten. Inwiefern dies am Ende den gewünschten Erfolg bringt oder die Beschäftigten womöglich noch stärker unter Druck setzt, und ob solche agilen Führungskonzepte auch branchen- und tätigkeitsübergreifend umsetzbar sind, ist umstritten. Es ist anzunehmen, dass agile Konzepte bei erfahrenen und motivierten Mitarbeitern und Mitarbeiterinnen besser funktioniert.

Führungskonzepte ohne Ende

7.3 Situative Einflüsse

Kontingenzmodell

In den bisher vorgestellten Modellen werden situative Faktoren kaum oder gar nicht zur Vorhersage und Erklärung von Führungserfolg berücksichtigt. Das Kontingenzmodell von Fiedler (1967) tut dies dagegen explizit. Die Leistung der Beschäftigten ist nach diesem Modell davon abhängig, inwieweit die aktuelle Situation es der Führungskraft ermöglicht, ihren Einfluss auf die Mitarbeiter und Mitarbeiterinnen auszuüben. Die aktuelle Situation wird beispielsweise von der Beziehung zwischen Führungskraft und untergebener Person bestimmt, die gut oder schlecht sein kann. Auch die Arbeitsstruktur, d. h. ob die Aufgaben eindeutig und klar definiert oder eher uneindeutig sind und stets neue Lösungen erfordern, beeinflussen den Erfolg. Drittens führt Fiedler noch die Positionsmacht an, die angibt, wie weitreichend der Einfluss der Führungskraft durch ihre Entscheidungen ausfällt (nur aufgabenbezogen oder kann die Führungskraft die untergebene Person sogar entlassen?).

Reifegradtheorie

Auch die Reifegradtheorie von Hersey und Blanchard (1977; Hersey et al., 1979) berücksichtigt situative Faktoren. So verweisen sie darauf, dass der Reifegrad, womit die Selbstständigkeit der Beschäftigten bei der Aufgabenerledigung bezeichnet wird, Einfluss auf das notwendige Führungsverhalten nehmen. Mit anderen Worten, das Führungsverhalten muss auf den Reifegrad abgestimmt werden. Der Reifegrad ist ein zweidimensionales Konzept, dass sich aus motivationalen

Aspekten (psychologische Reife) und den Kompetenzen der Beschäftigten (Arbeitsreife) zusammensetzt. Es lassen sich vier Grundformen des Reifegrades bestimmen, nämlich „nicht kompetent und nicht motiviert", „nicht kompetent aber motiviert", „kompetent aber nicht motiviert" und „kompetent und motiviert". Je nach Reifegrad wird ein anderer Führungsstil empfohlen. Eine Person, die eine Aufgabe selbstständig nicht erledigen kann und geringe Motivation aufweist, muss eingewiesen und überwacht werden. Demgegenüber benötigen Personen mit einem hohen Reifegrad (hohe Kompetenz und hohe Motivation) keine Kontrolle mehr, sondern können die Aufgaben in Eigenverantwortung bearbeiten.

7.4 Passung als Rahmenmodell der Führung

Halten wir fest: Erfolgreiche Führung wird durch eine Vielzahl an Faktoren beeinflusst. So spielen die Persönlichkeit der Führungsperson ebenso wie deren Fertigkeiten und situative Randbedingungen eine Rolle. Auch der Führungsstil beeinflusst nicht nur das Arbeitsergebnis, sondern auch die Arbeitszufriedenheit und Motivation der geführten Personen. Und trotzdem, auch unter Berücksichtigung dieser Faktoren lässt sich kein verbindliches und allgemeingültiges Führungsmodell ableiten. Dafür sind die Organisationen, die Aufgaben, die Prozesse, die Kontexte und vor allem die Menschen und ihre Bedürfnisse, Kompetenzen, Emotionen, Ziele und deren Interaktionen miteinander und mit den äußeren Einflüssen zu komplex. Um diesen Umständen gerecht zu werden, schlage ich daher vor, das Führungsgeschehen und den Führungserfolg als das Ergebnis eines vielschichtigen Passungsgeschehens anzusehen.

Grundlegend kann davon ausgegangen werden, dass Passung (Kompatibilität) Führungserfolg wahrscheinlicher macht, Passungsprobleme (Inkompatibilität) sollten dagegen Führungserfolg unwahrscheinlicher machen. Es wird angenommen, dass folgende Faktoren Einfluss auf das Führungsgeschehen nehmen und für den Führungserfolg verantwortlich sind:

Raum-zeitlicher Kontext: Der raum-zeitliche Kontext umfasst alle Einflüsse, die sich aus den kulturellen und gesellschaftlichen Randbedingungen ergeben. Auch Effekte des Zeitgeistes und Moden gehören dazu. Diese können in vielfältiger Weise auf die Organisation selbst, die Aufgaben- und Zielstellung oder die Erwartungen und Bedürfnisse der Führungskräfte und Beschäftigten Einfluss nehmen und dazu kompatibel oder inkompatibel sein.

Situation: Führungsgeschehen findet stets in einer konkreten Situation statt, in der bestimmte Bedingungen des Marktes, des vorhandenen Personalstands etc. vorliegen. Diese Randbedingungen können beispielsweise mit den Zielen der Organisation oder den Zielen von Mitarbeitern und Mitarbeiterinnen vereinbar sein oder mit diesen kollidieren (z. B. Überstunden wegen zu hoher Auftragslast).

Aufgabe: Auch die Aufgabe kann von ihrer Struktur, Komplexität und Eindeutigkeit variieren und dadurch z. B. mit den Kompetenzen von Mitarbeitern und Mitarbeiterinnen vereinbar (z. B. zu wenig Fachpersonal für die komplexen Aufgaben) oder nicht vereinbar sein.

Organisation: Die Organisation selbst mit ihrer Kultur, ihrer Struktur und ihren Prozessen kann zu den gegenwärtigen Marktbedingungen passen oder nicht, sie kann auch mit den Kompetenzen der Führungskräfte (in-)kompatibel sein. Umgekehrt kann die Organisation nicht mehr zeitgemäß sein, zu unbeweglich oder zu beweglich.

Führungskraft: Die Führungskraft besitzt bestimmte Merkmale, Einstellungen, Kompetenzen, persönliche Ziele, die auf ihr Führungsverhalten einwirken und die beispielsweise mit der Aufgabenstellung oder den geführten Mitarbeitern und Mitarbeiterinnen kompatibel oder inkompatibel sind. Besteht beispielsweise die Führungsaufgabe darin, so schnell wie möglich eine Entscheidung zu treffen und diese umzusetzen, dann kann das den Bedürfnissen der Beschäftigten nach Partizipation widersprechen. Auch können die Kompetenzen der Führungskraft mehr oder weniger gut zu den Aufgabenanforderungen passen.

Mitarbeiter und Mitarbeiterinnen: Die Beschäftigten haben individuelle Ziele, Bedürfnisse, Kompetenzen und Erwartungen, die z. B. nicht zu den Zielen der Organisation oder der Führungskraft passen. Auch können sie durch die Aufgabenstellungen unter- oder überfordert sein.

Diese Dimensionen beeinflussen sich wechselseitig und sind permanentem Wandel unterworfen. Allein aus dieser Betrachtungsweise lässt sich schon ableiten, dass die Suche nach einem allgemeinen Führungskonzept oder gar Führungsrezept wenig Sinn macht. Vielmehr ist es vor dem Hintergrund des Passungsgedankens angebracht, Führung und alle daran beteiligten Einflussfaktoren stetig, z. B. als Teil einer Organisationsdiagnose, zu analysieren und als Teil von Organisationsentwicklungsmaßnahmen bedarfsgerecht zu modifizieren, sodass der Grad der Passung im Idealfall erhalten bleibt oder ansteigt (◘ Abb. 7.4).

7.4 · Passung als Rahmenmodell der Führung

Abb. 7.4 Beispiel Führung als Passung

❓ Prüfungsfragen

1. Was kann man unter Führung verstehen?
2. Woran kann man Führungserfolg festmachen? Warum ist die Beantwortung dieser Frage so wichtig?
3. Welchen Einfluss hat die Persönlichkeit auf Führungserfolg?
4. Was bezeichnet man als „dunkle Triade" und welcher Zusammenhang zum Führungserfolg lässt sich dazu berichten?
5. Welche allgemeinen Führungskompetenzen gibt es und warum ist die Angabe von solchen Kompetenzen so schwierig?
6. Was versteht man unter politischen Fertigkeiten?
7. Was sind die Kennzeichen eines autoritären, demokratischen und Laissez-faire-Führungsstils?
8. Erläutern Sie den Unterschied zwischen aufgaben- und mitarbeiterorientierter Führung.
9. Was sind die Grundsätze der transaktionalen und der transformationalen Führung?
10. Was versteht man unter ethischer Führung? Was sind Kriterien ethischer Führung?
11. Führung kann auch als Passung verstanden werden. Erläutern Sie diese Vorstellung an einem konkreten Beispiel.

Zusammenfassung
- Führung ist absichtliche und zielbezogene Einflussnahme.
- Es gibt unterschiedliche Kriterien des Führungserfolgs.
- Persönlichkeitsmerkmale werden häufig als bedeutsamer Faktor des Führungserfolgs angesehen.
- Die Zusammenhänge zwischen Persönlichkeitsmerkmalen und Führungserfolg sind schwach.
- Unter „dunkler Triade" versteht man die subklinische Ausprägung der Persönlichkeitsmerkmale Narzissmus, Machiavellismus und Psychopathie.
- Narzissmus kann mit Führungserfolg assoziiert sein.
- Es lassen sich kognitive, affektive, behaviorale und soziale Führungskompetenzen unterscheiden.
- Globale Führungskompetenzen können als Metakompetenzen aufgefasst werden.
- Auch politische Fertigkeiten wie sozialer Scharfsinn, interpersonaler Einfluss, Aufrichtigkeit und Fertigkeit zur Netzwerkbildung ist eine Metakompetenz.
- Häufig wird zwischen autoritärem, demokratischem und Laissez-faire-Führungsstil unterschieden
- Bei der aufgabenorientierten Führung steht der Arbeitsauftrag im Mittelpunkt.
- Bei der mitarbeiterorientierten Führung werden die Bedürfnisse der Mitarbeiter und Mitarbeiterinnen berücksichtigt.
- Transaktionale Führung ist ein rationales Führungskonzept, das eine Win-win-Situation zwischen führender und geführter Person herstellt.
- Transformationale Führung setzt dagegen auf das Herstellen intrinsischer Motivation und die Begeisterung der Mitarbeiter und Mitarbeiterinnen.
- Ethische Führung orientiert sich an normativen Vorstellungen von guter Führung und lässt sich beispielsweise an Verhaltensmerkmalen wie Ehrlichkeit, Vertrauenswürdigkeit, Fairness oder Fürsorge festmachen.
- Führung kann auch als Passung zwischen raum-zeitlichem Kontext, Situation, Aufgabe, Organisation, Führungskraft und Mitarbeiter und Mitarbeiterinnen konzipiert werden.

Schlüsselbegriffe

Aufgabenorientierte Führung, autoritäre Führung, Charisma, demokratische Führung, dunkle Triade, ethische Führung, Führungserfolg, Führungskompetenzen, Kontingenzmodell, Laissez-faire-Führung, *managerial grid*, mitarbeiterorientierte Führung, transaktionale Führung, transformationale Führung, Passung, politische Fertigkeiten, Reifegradtheorie

Literatur

Alban-Metcalfe, J., & Alimo-Metcalfe, B. (2013). Reliability and validity of the "leadership competencies and engaging leadership scale". *International Journal of Public Sector Management, 26*(1), 56–73.

Aronson, E. (2001). Integrating leadership styles and ethical perspectives. *Canadian Journal of Administrative Sciences, 18*, 244–256.

Bak, P. (2024). *Wirtschafts- und Unternehmensethik.* (2. Aufl.) Schäffer-Poeschel.

Bass, B. M., & Avolio, B. J. (1990). *Transformational leadership development: Manual for the multifactor leadership questionnaire.* Consulting Psychologists Press.

Bass, B. M., & Avolio, B. J. (1993). Transformational leadership and organizational culture. *Public Administration Quarterly, 17*(1), 112–121.

Bedell, K., Hunter, S., Angie, A., & Vert, A. (2006). A historiometric examination of machiavellianism and a new taxonomy of leadership. *Journal of Leadership & Organizational Studies, 12*(4), 50–72.

Bedi, A., Alpaslan, C. M., & Green, S. (2016). A meta-analytic review of ethical leadership outcomes and moderators. *Journal of Business Ethics, 139*(3), 517–536.

Blake, R., & Mouton, J. (1964). *The managerial grid: The key to leadership excellence.* Gulf Publishing.

Blake, R. R., & Mouton, J. S. (1966). Some effects of managerial grid seminar training on union and management attitudes toward supervision. *The Journal of Applied Behavioral Science, 2*(4), 387–400.

Block, C., Bormann, K. C., & Rowold, J. (2015). Ethische Führung. *Zeitschrift für Arbeits- und Organisationspsychologie A&O, 59*(3), 130–143.

Bolden, R., & Gosling, J. (2006). Leadership competencies: Time to change the tune? *Leadership, 2*(2), 147–163.

Braun, S. (2017). Leader narcissism and outcomes in organizations: A review at multiple levels of analysis and implications for future research. *Frontiers in Psychology, 8*:773.

Brown, M. E., & Treviño, L. K. (2006). Ethical leadership: A review and future directions. *The Leadership Quarterly, 17*(6), 595–616.

Brown, M. E., Treviño, L. K., & Harrison, D. A. (2005). Ethical leadership: A social learning perspective for construct development and testing. *Organizational Behavior and Human Decision Processes, 97*(2), 117–134.

Chabrol, H., Leeuwen, N. V., Rodgers, R., & Sejourne, N. (2009). Contributions of psychopathic, narcissistic, Machia-vellian, and sadistic personality traits to juvenile delinquency. *Personality and Individual Differences, 47*, 734–739.

De Hoogh, A. H. B., Den Hartog, D. N., & Nevicka, B. (2015). Gender differences in the perceived effectiveness of narcissistic leaders. *Applied Psychology, 64*(3), 473–498.

Deluga, R. J. (2001). American presidential Machiavellianism: Implications for charismatic leadership and rated performance. *The Leadership Quarterly, 12*, 339–363.

Ferris, G. R., Treadway, D. C., Perrewé, P. L., Brouer, R. L., Douglas, C., & Lux, S. (2007). Political skill in organizations. *Journal of management, 33*(3), 290–320.

Fiedler, F. E. (1967). *A theory of leadership effectiveness*. McGraw-Hill.

Fleishman, E. A., & Peters, D. R. (1962). Interpersonal values, leadership attitudes and managerial „success.". *Personnel Psychology, 15*, 127–143.

Goldberg, L. R. (1990). An alternative "description of personality": The big-five factor structure. *Journal of Personality and Social Psychology, 59*, 1216–1229.

Goldman, S. L., Nagel, R. N., Preiss, K., & Warnecke, H.-J. (1996). *Agil im Wettbewerb: Die Strategie der virtuellen Organisation zum Nutzen des Kunden*. Springer.

Harms, P. D., Spain, S. M., & Hannah, S. T. (2011). Leader development and the dark side of personality. *The Leadership Quarterly, 22*(3), 495–509.

Hersey, P., & Blanchard, K. H. (1977). *Management of organizational behavior: Utilizing human resources* (3. Aufl.). Prentice-Hall.

Hersey, P., Blanchard, K. H., & Natemeyer, W. E. (1979). Situational leadership, perception, and the impact of power. *Group & Organization Studies, 4*(4), 418–428.

Hofert, S. (2021). *Agiler Führen: einfache Maßnahmen für bessere Teamarbeit, mehr Leistung und höhere Kreativität* (3. Aufl.). Springer Gabler.

Hogan, R. J., Raskin, R., & Fazzini, D. (1990). The dark side of charisma. In K. E. Clark & M. B. Clark (Hrsg.), *Measures of Leadership* (S. 343–354). Leadership Library of America.

Jokinen, T. (2005). Global leadership competencies: A review and discussion. *Journal of European Industrial Training, 29*(3), 199–216.

Judge, T. A., & Piccolo, R. F. (2004). Transformational and transactional leadership: A meta-analytic test of their relative validity. *Journal of Applied Psychology, 89*(5), 755.

Judge, T. A., Bono, J. E., Ilies, R., & Gerhardt, M. W. (2002). Personality and leadership: A qualitative and quantitative review. *Journal of Applied Psychology, 87*, 765–780.

Judge, T. A., Colbert, A. E., & Ilies, R. (2004). Intelligence and leadership: A quantitative review and test of theoretical propositions. *Journal of Applied Psychology, 89*(3), 542.

Kalshoven, K., Den Hartog, D. N., & De Hoogh, A. H. B. (2011). Ethical leadership at work questionnaire (ELW): Development and validation of a multidimensional measure. *The Leadership Quarterly, 22*, 51–69.

Keese, C. (2017). *Silicon Germany. Wie wir die digitale Transformation schaffen*. Random House.

Keller, R. T. (1978). A longitudinal assessment of a managerial grid® seminar training program. *Group & Organization Studies, 3*(3), 343–355.

Landay, K., Harms, P. D., & Credé, M. (2019). Shall we serve the dark lords? A meta-analytic review of psychopathy and leadership. *Journal of Applied Psychology, 104*, 183–196.

Lewin, K., Lippitt, R., & White, R. K. (1939). Patterns of aggressive behavior in experimentally created "social climates". *The Journal of Social Psychology, 10*(2), 269–299.

McCrae, R. R., & Costa, P. T. (1987). Validation of the five-factor model of personality across instruments and observers. *Journal of Personality and Social Psychology, 52*(1), 81–90.

Mintzberg, H. (1985). The organization as political arena. *Journal of Management Studies, 22*(2), 133–154.

Mumford, M. D., & Connelly, M. S. (1991). Leaders as creators: Leader performance and problem solving in ill-defined domains. *The Leadership Quarterly, 2*(4), 289–315.

Mumford, M. D., Todd, E. M., Higgs, C., & McIntosh, T. (2017). Cognitive skills and leadership performance: The nine critical skills. *The Leadership Quarterly, 28*(1), 24–39.

Nerdinger, W. (2019). Führung von Mitarbeitern. In F. W. Nerdinger, G. Blickle, & N. Schaper (Hrsg.), *Arbeits- und Organisationspsychologie* (4. Aufl., S. 95–117). Springer.

Paulhus, D. L., & Williams, K. M. (2002). The dark triad of personality: Narcissism, machiavellianism, and psychopathy. *Journal of Research in Personality, 36*(6), 556–563.

Răducan, R., & Răducan, R. (2014). Leadership and Management. *Procedia – Social and Behavioral Sciences, 149*, 808–812.

von Rosenstiel, L. (2006). Führung. In H. Schuler (Hrsg.), *Lehrbuch der Personalpsychologie* (2., Überarb. u. erw. Aufl., S. 354–384). Hogrefe.

Rowold, J. (2005). *Multifactor leadership questionnaire. Psychometric properties of the German translation by Jens Rowold*. Mind Garden.

Salgado, J. F., Anderson, N., Moscoso, S., Bertua, C., de Fruyt, F., & Rolland, J. P. (2003). A meta-analytic study of general mental ability validity for different occupations in the european community. *Journal of Applied Psychology, 88*, 1068–1081.

Schuler, H., & Höft, S. (2006). Konstruktionsorientierte Verfahren der Personalauswahl. In H. Schuler (Hrsg.), *Lehrbuch der Personalpsychologie* (2., Überarb. u. erw. Aufl., S. 102–144). Hogrefe.

Schyns, B., Gauglitz, I. K., Wisse, B., & Schütz, A. (2022). *How to mitigate destructive leadership – Human resources-practices that mitigate Dark Triad leaders' destructive tendencies*. Oxford University Press.

Steyrer, J. (1998). Charisma and the Archetypes of Leadership. *Organization Studies, 19*(5), 807–828.

Vergauwe, J., Wille, B., Hofmans, J., Kaiser, R. B., & De Fruyt, F. (2018). The double-edged sword of leader charisma: Understanding the curvilinear relationship between charismatic personality and leader effectiveness. *Journal of Personality and Social Psychology, 114*(1), 110.

Volmer, J., Koch, I. K., & Göritz, A. S. (2016). The bright and dark sides of leaders' dark triad traits: Effects on subordinates' career success and well-being. *Personality and Individual Differences, 101*, 413–418.

Weber, M. (2013). *Wirtschaft und Gesellschaft* (Soziologie, Gesamtausgabe, Bd. 23, I, Schriften und Reden). Mohr.

Wihler, A., Frieder, R., Blickle, G., Oerder, K., & Schütte, N. (2016). Political skill, leadership and performance: The role of vision identification and articulation. In E. Vigoda-Gadot & A. Drory (Hrsg.), *Handbook of organizational politics* (S. 59–94). Edward Elgar Publishing.

Organisationsdiagnose und -entwicklung

Inhaltsverzeichnis

8.1 Organisationsdiagnose – 136
8.1.1 Dimensionen der Organisationsdiagnostik – 138
8.1.2 Ziele der Organisationsdiagnostik – 140
8.1.3 Vorgehen bei der Organisationsdiagnostik – 140

8.2 Organisationsentwicklung – 142
8.2.1 Organisationale Passung – 142
8.2.2 Organisationsentwicklung vs. Veränderungsmanagement – 143
8.2.3 Maßnahmen der Organisationsentwicklung – 146
8.2.4 Methoden der Organisationsentwicklung – 147

Literatur – 150

© Der/die Autor(en), exklusiv lizenziert an Springer-Verlag GmbH, DE, ein Teil von Springer Nature 2024
P. M. Bak, *Arbeits- und Organisationspsychologie*, Angewandte Psychologie Kompakt,
https://doi.org/10.1007/978-3-662-68597-6_8

Lernziele

— Wissen, wie man eine Organisation definieren kann
— Ebenen bzw. Dimensionen der Organisationsdiagnostik nennen und beschreiben können
— Ziele der Organisationsidagnostik beschreiben können
— Interessenten und deren spezielle Interessen an einer Organisationsdiagnose kennen und beschreiben können
— Den Unterschied zwischen explorativer, deskriptiver und explikativer Forschung beschreiben können
— Ein prototypisches Vorgehen einer Organisationsdiagnose beschreiben können
— Organisationsentwicklung konzeptuell erklären können
— Organisationsentwicklung und Organisationsveränderung unterscheiden können

Einführung

Organisationen sind keine starren Gebilde, sondern ändern sich permanent. „Ob man will oder nicht", kann man direkt ergänzen. Es treten neue Mitarbeiter und Mitarbeiterinnen ein, andere verlassen die Organisation. Prozesse, Strukturen und Aufgaben ändern sich ebenso wie die äußeren Randbedingungen. Wenn man auf diese Veränderungen Einfluss nehmen bzw. auf die organisationalen Auswirkungen dieser Veränderungen reagieren möchte, dann benötigt man Informationen und Wissen darüber, was aktuell der Fall ist (Feststellung des Ist-Zustands) und eine Orientierung bzw. Festlegung, was in Zukunft der Fall sein soll (Festlegung des Soll-Zustands). Mit anderen Worten, wir müssen die Organisation und alles, was für Veränderungsprozesse relevant ist kennen, ggf. messen und festlegen. Genau das kann man als Aufgabe und Ziel der Organisationsdiagnostik definieren. Sie ist die Grundlage für Veränderungsprozesse, die sich daran anschließen, mit dem Ziel, das Passungefüge zwischen organisationalen Zielen, den Rahmenbedingungen und den betroffenen Personen zu optimieren.

8.1 Organisationsdiagnose

Organisationsdiagnose vs. -analyse

Wir werden im Folgenden nicht zwischen Organisationsanalyse und Organisationsdiagnostik unterscheiden, auch wenn es durchaus Bedeutungsunterschiede bei diesen Begriffen gibt,

8.1 · Organisationsdiagnose

die sich jedoch meistens aus dem Verwendungskontext ableiten lassen. In eher betriebswirtschaftlich orientierten Beschreibungen ist der Begriff Organisationsanalyse vorherrschend, in der Psychologie dagegen der Begriff der Organisationsdiagnostik. Und auch für „Organisationsdiagnostik" gibt es viele Definitionen (vgl. z. B. Büssing, 1995). Kühlmann und Franke (1989, S. 632) definieren die psychologische Organisationsdiagnose als die „systematisch und wissenschaftlich fundierte Erfassung, Analyse und Darstellung des in einer Organisation oder einem abgegrenzten Organisationsteil regelhaft auftretenden Verhaltens und Erlebens ihrer Mitglieder einschließlich ihrer Wirkungszusammenhänge".

Analysen über den Zustand einer Organisation können auf verschiedenen Ebenen ansetzen. Die Organisation kann als Ganzes analysiert werden oder es können einzelne Prozesse oder das Verhalten einzelner Individuen in den Fokus der Analyse gestellt werden. Auch kann die Organisation mit verschiedenen Methoden und unter verschiedenen Blickwinkeln betrachtet werden. Beispielsweise können Prozesse und Strukturen nach ihrem ökonomischen oder zeitlichen Einsparungspotenzial untersucht oder, wie in unserem Fall, unter psychologischen Gesichtspunkten betrachtet werden (◘ Abb. 8.1).

Verschiedene Betrachtungsebenen

◘ **Abb. 8.1** Die Organisation wird unter die Lupe genommen. (© Kateryna Naegler)

8.1.1 Dimensionen der Organisationsdiagnostik

Aufbau- und Ablauforganisation

Wenn wir eine Organisation analysieren möchten, müssen wir zunächst festhalten, was wir als eine Organisation ansehen wollen. Dazu gibt zahlreiche Definitionen (zum Überblick vgl. Nerdinger, 2019a). Wir wollen Organisationen als gegenüber ihrer Umwelt offene, zeitstabile Institutionen verstehen, in denen Menschen auf Basis gemeinsamer Werte und Normen strukturiert, nach Regeln und gemeinsam zur Erreichung organisationaler Ziele arbeitsteilig zusammenarbeiten (vgl. Gebert, 1978). Häufig wird zwischen Ablauf- und Aufbauorganisation unterschieden (◘ Abb. 8.2). Unter Aufbauorganisation meint man die Organisationsstruktur, die Hierarchieebenen und die den einzelnen Ebenen und Strukturen zugewiesenen Aufgaben (wobei Struktur und Prozesse nicht unabhängig voneinander sind). Die Ablauforganisation beschreibt dagegen eher, wie die verschiedenen Aufgaben in der Organisation erledigt werden, also die Aufgabenlogistik. Daraus ergeben sich dann auch verschiedene Analyseebenen, die sich auf die Organisationsstrukturen bzw. -prozesse beziehen kann (Büssing, 1995). Andere Analyseebenen sind beispielsweise das Individuum, mit seinen Merkmalen, Kompetenzen, Zielen und seinem Erleben und Verhalten, interpersonale Prozesse, also Themen wie Führung, Teams, Kommunikation, Konflikte, Arbeitsaufteilung etc. oder die organisationalen Kontextbedingungen, also Ziele, Strukturen, Kultur, etc. (Kanning & Staufenbiel, 2012).

Explorativ, deskriptiv, explanativ

Die Auswahl der Analyseebene („Was wollen wir eigentlich untersuchen?") ist entscheidend dafür, welche Erkenntnisse am Ende stehen können. Prinzipiell muss eine Entscheidung darüber getroffen werden, ob man eine explorative, deskriptive oder explanative Analyse durchführen möchte. Ein Beispiel

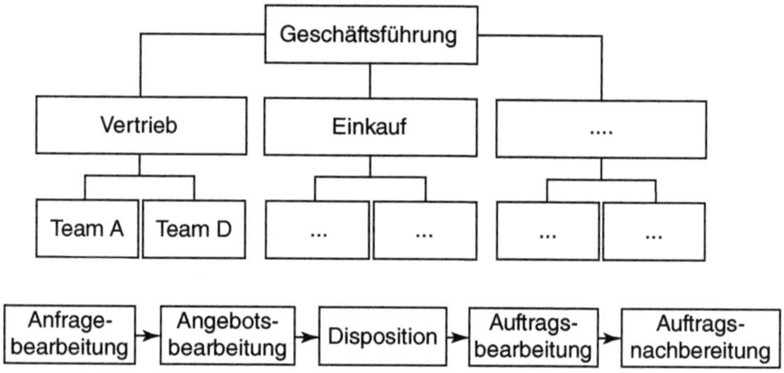

◘ **Abb. 8.2** Schema einer Aufbau- und Ablauforganisation

8.1 · Organisationsdiagnose

für eine explorative Analysen wäre, dass man etwas über das vorherrschende Organisationsklima herausfinden möchte und noch keinerlei Anhaltspunkte oder Annahmen darüber hat. Ziel könnt es dann sein, Hypothesen über den Status quo oder über die Ursachen und Zusammenhänge von Prozessen, Strukturen und personalen Faktoren auf das Klima aufzustellen, die man dann anschließend weiter untersuchen kann Eine deskriptive Analyse wird dagegen vor dem Hintergrund vorhandenen Wissens über die Organisation durchgeführt, mit dem Ziel, die Merkmale, Eigenschaften und Prozesse der Organisation quantitativ zu beschreiben und zu erfassen. Eine Mitarbeiterzufriedenheitsstudie oder eine Stressbelastungsstudie wären ebenso Beispiele dafür wie Korrelationsstudien, in denen die Verbindungen zwischen Merkmalen, Eigenschaften oder Verhaltensweisen aufgedeckt werden können. Schließlich geht es in einer explikativen Analyse darum, Ursachen für Sachverhalte zu erkennen und Erklärungen zu finden mit dem Ziel, anschließend Interventionen durchführen zu können (◘ Tab. 8.1).

◘ Tab. 8.1 Beispiele für Fragestellung in der Organisationsdiagnostik

Explorative Analyse	Deskriptive Analyse	Explikative Analyse
Es geht um Erkundung eines bisher unbekannten Sachverhalts, um anschließend eine konkrete Forschungsfrage, Hypothesen oder Theorien zu entwickeln	Es geht um die Feststellung der Verbreitung von Merkmalen, Eigenschaften und Sachverhalten	Es geht um die Überprüfung von Forschungsfragen und aufgestellten Hypothesen, die dann die Gültigkeit von Theorien belegen
Was sind die Gründe für die hohe Mitarbeiterfluktuation? Welche Arbeitsschritte werden von den Mitarbeitern und Mitarbeiterinnen als besonders belastend wahrgenommen? Welche Umstände wirken sich positiv oder negativ auf die Arbeitszufriedenheit/Arbeitsmotivation aus? Warum sind die Mitarbeiter und Mitarbeiterinnen in unterschiedlichen Funktionsbereichen unterschiedlich motiviert?	Wie zufrieden sind die Mitarbeiter und Mitarbeiterinnen mit ihrer Arbeit? Wie hoch ist die Stressbelastung in den unterschiedlichen Funktionsbereichen der Organisation? In welchen Funktionsbereichen ist die Effizienz als Resultat von Arbeitszeit und Ergebnis am höchsten/geringsten?	Ausgehend von der Selbstbestimmungstheorie von Ryan und Deci (2000) soll geprüft werden, ob autonome Arbeitsweisen zu einer höheren Motivation bei den Mitarbeitern und Mitarbeiterinnen führt. Führt ein transformationaler Führungsstil zu mehr Commitment und Zufriedenheit? Mitarbeiter und Mitarbeiterinnen, die aus ihrer Tätigkeit keinen Sinn für andere, persönlich bedeutsame Ziele ableiten können, sind unzufriedener mit ihrer Arbeit

8.1.2 Ziele der Organisationsdiagnostik

Unterschiedliche Interessengruppen

Die Analyse der Organisation bzw. Organisationseinheiten kann für unterschiedliche Interessengruppen relevant sein und ist Grundlage vieler Entscheidungen (Lawler et al., 1980). Interesse am Thema haben in erster Linie die Träger, Kapitalgeber und Mitglieder der Organisation selbst (Management und Mitarbeiter und Mitarbeiterinnen). Daraus lassen sich dann auch die entsprechenden Ziele der Analyse ableiten. Für die Wissenschaft steht die Modell- und Theorienbildung und -überprüfung im Mittelpunkt, was insofern erschwert ist, als dass solche Forschungen nur selten zu den primären Interessen der Organisation und des Managements passen, und es daher auch Widerstände seitens der Organisation geben kann. Wissenschaftliche Analysen sind daher oft eher punktuell und selten beispielsweise längsschnittlich begleitend. Für die externen Interessenten sind Organisationsanalysen z. B. Grundlage für Investitionsentscheidungen oder Organisationsbewertungen. In den meisten Fällen geht es aber darum, die Entscheidungsträger in der Organisation mit relevanten Informationen zu versorgen im Hinblick auf Arbeitsplatzentscheidungen, Personalentscheidungen, die Gestaltung von humanen Arbeitsbedingungen, Fragen der Arbeitsorganisation oder zur Vorbereitung und Begleitung von Veränderungsmaßnahmen (Lawler et al., 1980; siehe auch Büssing, 1995).

8.1.3 Vorgehen bei der Organisationsdiagnostik

In der Regel wird die Organisationsdiagnostik von externen oder internen Dienstleistern durchgeführt. Es gibt also einen Auftraggeber und einen Auftragnehmer, die zusammenarbeiten müssen. Das konkrete Vorgehen bei der Organisationsdiagnostik kann allerdings kaum verallgemeinert werden, es existieren auch keine Normen, die es einzuhalten gilt. Dennoch kann ein prototypisches Vorgehen zumindest skizziert werden, an dem man sich im konkreten Fall orientieren kann. Schauen wir uns ein Vorgehen einer Organisationsdiagnose an, wie es von Kühlmann und Franke (1989) beschrieben wurde und welches häufig in diesem Zusammenhang erwähnt wird (z. B. Büssing, 1995; Nerdinger, 2019b). Folgende Arbeitsschritte bzw. Phasen werden angegeben:

8.1 · Organisationsdiagnose

1. *Einführungsphase*: Hier geht es in erster Linie darum, über die Ziele, die zur Verfügung stehenden Ressourcen, den möglichen Nutzen, das Rollenverständnis der Beteiligten, Erwartungen, mögliche Barrieren, Hindernisse und Schwierigkeiten und Einvernehmen zu erzielen und zu informieren.
2. *Erkundungsphase*: Die Erkundungsphase dient der Auswahl an Untersuchungsobjekten und -ebenen. Es werden beispielsweise erste Befragungen von Führungskräften sowie Mitarbeitern und Mitarbeiterinnen oder Gruppendiskussionen durchgeführt, vorhandene Daten, etwa aus vorangehenden Untersuchungen, oder organisatorische Kennwerte werden analysiert. Auch müssen Mitarbeiter, die die Analysen durchführen, entsprechend geschult und eingewiesen werden.
3. *Planungsphase*: Hier geht es darum, aus der Vielzahl an möglichen Untersuchungsgegenständen eine Auswahl zu treffen, z. B. durch entsprechende Kosten-Nutzen-Analysen, und ein Untersuchungsdesign zu entwickeln. Es müssen Messkriterien festgelegt und Methoden der Datenerhebung bestimmt werden. Als Methoden kommen alle sozialwissenschaftlichen Methoden infrage. Ebenso wird der Zeit-, Personal- und Sachmittelbedarf sowie die Anzahl an Teilnehmern definiert und ein Projektplan entwickelt.
4. *Durchführung der Hauptuntersuchung*: Das in der Planungsphase erarbeitete Konzept wird nun umgesetzt, überwacht und dokumentiert. Auf mögliche Probleme und Veränderungen muss eingegangen werden.
5. *Phase der Datenverarbeitung*: Die gesammelten Daten müssen geprüft, ausgewertet und aufbereitet werden.
6. *Interpretationsphase*: Die Resultate der Datenanalyse werden im Hinblick auf die Untersuchungsziele interpretiert. Auch geht es darum, die Limitation und möglichen Schwachstellen der Analyse zu benennen.
7. *Zusammenfassung, Ergebnisbericht und Präsentation der Ergebnisse*: Zum Schluss werden die Datenanalyse und die entsprechenden Interpretationen zielgruppengerecht aufbereitet und kommentiert.

Idealerweise wird ein Diagnosekonzept nicht nur für eine einmalige Diagnose verwendet, sondern stellt die Basis für eine kontinuierliche Erfassung relevanter Messkriterien dar, was dann auch Veränderungsmessungen und Vorher-Nachher-Vergleiche ermöglicht.

8.2 Organisationsentwicklung

Passungsprobleme

Geht es in der Organisationsdiagnose um die Erfassung des Status quo, befassen sich Maßnahmen der Organisationsentwicklung mit den daraus resultierenden Veränderungen. Die Gründe dafür können vielfältig sein. Sowohl Veränderungen externer Rahmenbedingungen wie auch interne Gründe können organisationale Veränderungen nötig machen, wobei interne und externe Faktoren in der Regel miteinander verbunden sind. Externe Gründe für Veränderungsmaßnahmen sind z. B. eine veränderte Rechtslage, neue Technologien oder Markt- und Wettbewerbsbedingungen. Interne Gründe sind z. B. Personalveränderungen, Prozess- und Strukturveränderungen, Maßnahmen zur Effizienzsteigerung, Innovationsförderung, Verbesserung von Organisationsklima oder Arbeitszufriedenheit. Allgemein sind es faktische oder erwartete Probleme, die Organisationen zu Veränderungsprozessen bewegen, wobei man diese Probleme als Passungsprobleme beschreiben kann. Als Ziel von organisationalen Veränderungsprozessen kann dann allgemein die Erhöhung der organisationalen Passung definiert werden.

8.2.1 Organisationale Passung

Entwicklungspsychologische Perspektive

Wir haben Organisationen als zeitstabile Institutionen definiert. Zumindest können Organisationen eine beträchtliche Lebensdauer aufweisen, innerhalb deren sie sich immer wieder wandeln. Sie sind ihre gesamte Lebensdauer bestimmten internen wie externen Anforderungen ausgesetzt und verfolgen (veränderliche) Ziele. Aus diesem Verständnis heraus kann eine entwicklungspsychologische Perspektive einiges zum Verständnis von Organisationen und organisationalen Veränderungsprozessen beitragen. So können wir analog zur Beschreibung individueller Entwicklungsprobleme auch organisationale Entwicklungsprobleme als Ist-Soll-Diskrepanzen verstehen, die sich auf verschiedensten Ebenen manifestieren können. In Anlehnung an Brandtstädters (1985) Konzeptualisierung von individuellen Entwicklungsproblemen können wir organisationale Probleme fassen, als Passungsprobleme zwischen a) den organisationalen Zielen, Interessen und strategischen Themen, b) den organisationalen Entwicklungspotenzialen und -möglichkeiten (Personen, Kompetenzen, Ressourcen), c) den Anforderungen (rechtliche Anforderungen, Markt- und Wettbewerbsumfeld, interne Konflikte) und d) den Entwicklungsoptionen (zugängliche Ressourcen, Veränderungspotenziale). Organisationale Probleme können vor dieser Systematik zwischen allen Punkten (a–d) entstehen, beispielsweise dann erwartet werden oder schon vorliegen, wenn die Strategie nicht zu den Ressourcen und Kompetenzen passt (Passungsproblem zwischen a und b), oder wenn die Strategie keine Antwort auf die Anforderungen gibt (Passungsproblem zwischen a und c), oder wenn die Entwicklungspotenziale nicht zu den Anforderungen passen (Passungsproblem zwischen b und c). Ziel von Organisationsentwicklungsmaßnahmen wäre es dann, diese Passungsprobleme erstens zu erkennen (Organisationsdiagnose) und zweitens durch entsprechende Interventionen (Organisationsentwicklung) den Passungsgrad zu erhöhen.

8.2.2 Organisationsentwicklung vs. Veränderungsmanagement

Die Verwendung der Begriffe Organisationsentwicklung und Veränderungsmanagement (*change management*) ist alles andere als einheitlich. Manchmal werden sie synonym verwendet, manchmal der eine als Oberbegriff für den anderen benutzt und manchmal als unterschiedliche Ansätze von Veränderungsprozessen verstanden. In eher betriebswirtschaftlich Kontexten dominiert der Begriff Change Management, in der Psychologie dagegen der Begriff der Organisationsentwicklung. Es gibt aber auch inhaltliche Gründe für eine Begriffsdifferenzierung. Wir folgen hier der Auffassung u. a. Nerdingers (2019b) und sehen in der Organisationsentwicklung die psychologisch fundierte Form des geplanten und partizipativ gestalteten Wandels, während wir den Begriff des Change Managements für Veränderungsprozesse reservieren möchten, deren Ausgang im strategischen Management zu finden ist und die eher *top down* verordnet werden. Unter Change Management fallen dann etwa Methoden und Konzepte zur Geschäftsprozessoptimierung wie *Business Process Re-engineering* (BPR) oder *Total Quality Management* (TQM). Das Lean Management oder *KAIZEN* können ebenfalls dazu gerechnet werden, auch wenn sie sich vom Ansatz nochmals unterscheiden (z. B. Schuh, 2006). Ziel dieser Managementstrategien ist es, allgemein Kosten zu senken, Effizienz zu steigern, eine verbesserte Kundenorientierung zu erhalten und die Qualitätssicherung. Organisationsentwicklung verfolgt zwar durchaus vergleichbare Ziele, hat aber einen grundlegend anderen Ansatz, den man als langfristig, ganzheitlich, mit Beteiligung der Betroffenen, im Sinne eines erfahrungsbasierten Lernprozesses verstehen kann, der die Lebensqualität und die Problemlösefähigkeit der Organisation sowie die Selbstver-

Managementstrategie vs. psychologischer Perspektive

wirklichung und Autonomie ihrer Mitglieder verbessern soll (Nerdinger, 2019c; Gebert, 1995). Wenn wir den eben beschriebenen Passungsbegriff verwenden, könnte man auch sagen, Change Management definiert zuerst die organisationalen Ziele und Strategien (vgl. ▶ Abschn. 8.2.1, Punkt a) während die Organisationsentwicklung eher von den organisationalen Entwicklungspotenzialen und -möglichkeiten ausgeht (vgl. ▶ Abschn. 8.2.1, Punkt b).

> **Geschäftsprozessoptimierung**
> In der Managementliteratur und in der Managementpraxis finden sich zahlreiche Konzepte, mit denen versucht wird, Geschäftsprozesse zu optimieren und damit den Unternehmenserfolg nachhaltig zu sichern. Dazu zählen etwa das *Business Process Re-egineering* (BPR), das *Total Quality Management* (TQM), das Lean Management oder *KAIZEN*. Was verbirgt sich hinter diesen Konzepten?
> **Business Process Re-Engineering (BPR)**: Dieses von Hammer und Champer (1993) entwickelte Konzept hat das Ziel, alle Geschäftsprozesse zu verändern. Ziel ist eine höhere Kundenzufriedenheit, bessere Produkt- und Dienstleistungsqualität und höhere Motivation der Belegschaft. Das BPR umfasst mehrere Phasen, in denen zum einen die Kerngeschäftsprozesse festgelegt (*Renewing*) und dann anhand von Benchmarks bewertet werden (*Revitalizing*). Auf dieser Basis wird dann ein neues Geschäftsprozessmodell entwickelt (*Reframing*) und dieses dann faktisch umgesetzt (*Restructuring*).
> **Total Quality Management (TQM)**: Das TQM ist ein Managementansatz, der auf dem Managementkonzept von Deming (1982, 1986) aufbaut und von Toyota in die japanische Autoindustrie integriert wurde. Ziel ist höchste Kundenzufriedenheit. Erreicht werden soll diese durch die Etablierung eines kontinuierlichen Verbesserungsprozesses. Neben der Kundenorientierung gehören zum TQM noch weitere Grundsätze, etwa die Einbeziehung der Mitarbeiter und Mitarbeiterinnen und prozesshaftes Denken: Qualität ist kein Ziel, sondern ein Prozess; auch qualitativ hochwertige Produkte und Dienstleistungen basieren letzten Endes auf optimalen Prozessen. Die Umsetzung erfolgt ebenfalls in vier Phasen, nämlich Planung (wo liegen Schwachstellen oder kri-

8.2 · Organisationsentwicklung

tische Bereiche?), Umsetzung (wie lassen sich die Probleme lösen?), Kontrolle (Wirksamkeitsprüfung) und Dokumentation der gefundenen Lösung. In Europa hat die *European Foundation for Quality Management* (EFQM) eine gemeinnützige Organisation, zu der Hunderte Unternehmen gehören (Weblink: ▶ efqm.org) 1991 ein Rahmenmodell des Qualitätsmanagements entwickelt, das Unternehmen bei der Umsetzung entsprechender Maßnahmen helfen soll.

Lean Management: Auch das Lean Management ist ein Konzept zur Prozessoptimierung, das insbesondere durch Analysen in der Automobilindustrie von Womack, Jones und Ross (1990) entwickelt wurde. Ziel ist es, alle überflüssigen Aktivitäten zu identifizieren und die damit einhergehende Ressourcenverschwendung zu unterbinden. Ein wichtiges Prinzip des Lean Managements ist das Fluss-Prinzip, das die Optimierung der unterschiedlichen Arbeitsabläufe anstrebt. Anstatt nur innerhalb von Abteilungen Prozesse zu optimieren, verlangt das Fluss-Prinzip die Abteilungsgrenzen überschreitende Prozessoptimierung.

Kaizen: Beim Kaizen (z. B. Imai, 1986) handelt es sich nicht nur um eine Methodensammlung, sondern auch um eine Haltung, eine Lebensphilosophie, die ebenfalls aus Japan stammt. Im Mittelpunkt steht die kontinuierliche und endlose Verbesserung. Jeder soll sich jeden Tag darüber Gedanken machen, was er in seinem Bereich optimieren kann. Es geht also um die fortwährende Verbesserung in kleinen Schritten. Zu den zentralen Grundlagen des Kaizens gehören wie beim Lean Management die Prozessorientierung, die Kundenorientierung, die Qualitätsorientierung, die Kritikorientierung und die Standardisierung.

Anzumerken ist, dass diese Managementkonzepte nicht wie psychologische Theorien einer empirischen Prüfung unterzogen werden, wonach dann deren Geltungsbereich zu beurteilen wäre. Auch stehen hinter diesen Programmen keine konsistent formulierten psychologischen Theorien, anhand derer man gegebenenfalls die Wirkungsweise erklären könnte. Vielmehr handelt es sich häufig um „Beratungsprodukte", die sich inhaltlich auch überlappen, sich im Einzelfall durchaus als erfolgreich herausgestellt haben können, für die allerdings ein wissenschaftlicher Erfolgsnachweis bisher zumindest nicht erbracht wurde

8.2.3 Maßnahmen der Organisationsentwicklung

Kontrollierbare und unkontrollierbare Aspekte

Welche konkreten Maßnahmen lassen sich nun aus den Ergebnissen der Organisationsdiagnose ableiten? Bleiben wir bei dem Rahmenmodell des Passungsgefüges, so können sich Entwicklungsmaßnahmen vor allem auf Veränderungen der organisationalen Ziele und der organisationalen Entwicklungspotenziale und -möglichkeiten beziehen. Die Anforderungen, die sich aus Umweltbedingungen ergeben und die vorhandenen Entwicklungsoptionen sind eher extern kontrollierte Faktoren und können maximal unter langfristig angelegten Veränderungsstrategien (Lobbyarbeit, Verbandsarbeit etc.) verändert werden. Allgemein können struktur- und prozessbezogene, gruppenbezogene, personenbezogene und ganzheitliche Maßnahmen unterschieden werden (Kals & Gallenmüller-Roschmann, 2017; Kanning & Staufenbiel, 2012). Personale Interventionen umfassen dabei alle Maßnahmen, die die Einstellung, die fachlichen Qualifikationen und sozialen Kompetenzen der Individuen erhöhen sollen. Struktur- und prozessbezogene Maßnahmen zielen auf eine Änderung der Arbeitsbedingungen, wie sie beispielsweise durch Fusionen oder Downsizing notwendig werden oder Interventionen bei der Einführung einer leistungsorientierten Vergütung, der strategischen Personalentwicklung oder der Leitbildentwicklung. Gruppenbezogene Ansätze wiederum beziehen sich auf strukturelle und prozessbezogene Interventionen in Bezug auf Gruppen, wie die Einführung von Gruppenarbeitsprozessen oder teilautonomen Arbeitsgruppen (▶ Abschn. 3.4). Schließlich betreffen ganzheitliche Ansätze alle Interventionsebenen, d. h. es werden sowohl prozess- und strukturbezogene Veränderungen als auch personen- und gruppenbezogene Maßnahmen umgesetzt, sodass im Idealfall sowohl eine bessere Aufgaben- und Leistungserfüllung wie auch ein hoher Grad personaler Erfüllung erreicht wird (vgl. auch Friedländer & Brown, 1974) (◘ Abb. 8.3).

8.2 · Organisationsentwicklung

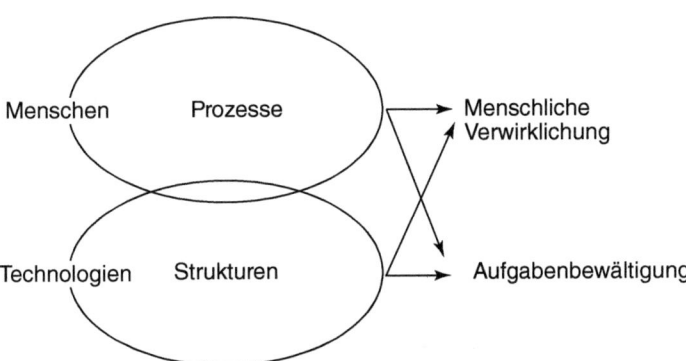

☐ **Abb. 8.3** Integrative Organisationsentwicklung. (Nach Friedländer & Brown, 1974)

8.2.4 Methoden der Organisationsentwicklung

Für die konkrete Umsetzung von Entwicklungsmaßnahmen gibt es kein allgemeingültiges Vorgehen oder Rezept. Vielmehr hängt es von der Maßnahmenplanung, den Umständen, der Zeit und den Beteiligten, etc. ab, was, wann wie gemacht wird. In dem Zusammenhang wird oft auf den Dreischritt von Lewin (1947; s.a. Cummings et al., 2016) verwiesen, d. h. Änderungen erfolgen durch das Auftauen verfestigter Verhaltensweisen (*unfreezing*), das Verändern durch Ausprobieren neuer Verhaltensweisen (*moving*) und das Stabilisieren von neuen Verhaltensweisen (*freezing*). Man kann auch von Veränderungen in erlernten Wahrnehmungs-, Interpretations- und Verhaltensmustern sprechen. Prototypisch gelingt dies durch folgende Schritte: Informieren, Sensibilisieren, Überzeugen, Einüben, Beibehalten.

Zunächst müssen die Beteiligten darüber informiert werden, welche Muster infrage gestellt werden, und sie müssen, ganz im Sinne einer Psychoedukation, darüber informiert werden, was Verhaltensmuster sind und welche Möglichkeiten der Änderung bestehen. Anschließend geht es darum, die beteiligten Personen entsprechend für das Auftreten der fraglichen Muster zu sensibilisieren, um dann im nächsten Schritt anstelle des eingeübten und unerwünschten Verhaltensmusters ein neues, gewünschtes Verhalten zu zeigen. Dieses muss anschließend so eingeübt werden, dass es das alte Muster wie selbstverständlich ersetzt und dadurch manifest wird. Für dieses mehrgliedrige Vorgehen eignen sich zahlreiche Verfahren

Unfreezing, moving, freezing

Methodenvielfalt

aus den Bereichen der Kommunikationspsychologie, der Konfliktforschung, Kreativitätstechniken, Motivationskonzepte, Methoden aus den Bereichen Psychodrama, Gestaltpsychologie oder systemische Ansätze, die hier nicht weiter vorgestellt werden können (gute Ein- und Überblicke finden sich z. B. bei Schiersmann & Thiel, 2018; von Ameln & Kramer, 2016).

Bemerkungen zur Organisationsentwicklung

? Prüfungsfragen

1. Was sind die Ziele der Organisationsdiagnose?
2. Welche Aspekte einer Organisation werden bei einer Organisationsdiagnose untersucht?
3. Was versteht man unter explorativer, deskriptiver oder explanativer Analyse? Geben Sie jeweils ein konkretes Beispiel.
4. Beschreiben Sie einen prototypischen Ablauf einer Organisationsdiagnose.
5. Was sind die Ziele der Organisationsentwicklung?
6. Was ist der Unterschied zwischen Organisationsentwicklung und Change Management?
7. Organisationsprobleme können als Passungsprobleme beschrieben werden. Was passt da nicht zu was?
8. Auf welchen Ebenen können Veränderungsmaßnahmen stattfinden?
9. In welchen drei Schritten lassen sich Veränderungsmaßnahmen durchführen?

8.2 · Organisationsentwicklung

Zusammenfassung
- Organisationen verändern sich permanent.
- Die Organisationsdiagnose soll den Ist-Zustand einer Organisation erfassen.
- Die Organisationsdiagnose kann sich auf den Aufbau der und die Prozesse innerhalb einer Organisation beziehen oder das Individuum in der Organisation betrachten.
- Man kann explorative, deskriptive oder explanative Analyse unterscheiden.
- Unterschiedliche Gruppen haben Interesse an den Ergebnissen der Organisationsdiagnose.
- Ein prototypischer Ablauf einer Organisationsdiagnose umfasst die Schritte Einführung, Erkundung, Planung, Durchführung, Datenverarbeitung, Interpretation und Zusammenfassung.
- Die Organisationsentwicklung soll die Organisation in Richtung auf einen Soll-Zustand verändern.
- Ist-Soll-Diskrepanzen in Organisationen können als Passungsprobleme beschrieben werden.
- Change Management ist ein eher betriebswirtschaftlich zu verstehendes Managementkonzept, Organisationsentwicklung verstehen wir als ganzheitliches, partizipatives und psychologisches Verfahren zur Veränderung.
- Veränderungsmaßnahmen können struktur- und prozessbezogene, gruppenbezogene, personenbezogene und ganzheitliche Maßnahmen umfassen.
- Bei Veränderungsprozessen kann man die drei Schritte *unfreezing*, *moving* und *freezing* unterscheiden.

Schlüsselbegriffe
Aufbauorganisation, Ablauforganisation, deskriptive Analyse, Change Management, explorative Analyse, explikative Analyse, *freezing*, *moving*, Organisationsdiagnose, Organisationsentwicklung, Passungsprobleme, *unfreezing*.

Literatur

Brandtstädter, J. (1985). Entwicklungsberatung unter dem Aspekt der Lebensspanne: Zum Aufbau eines entwicklungspsychologischen Anwendungskonzeptes. In J. Brandtstädter & H. Gräser (Hrsg.), *Entwicklungsberatung unter dem Aspekt der Lebensspanne* (S. 1–15). Hogrefe.

Büssing, A. (1995). Organisationsdiagnose. In H. Schuler (Hrsg.), *Lehrbuch Organisationspsychologie* (2. Aufl., S. 445–479). Huber.

Cummings, S., Bridgman, T., & Brown, K. G. (2016). Unfreezing change as three steps: Rethinking Kurt Lewin's legacy for change management. *Human Relations, 69*(1), 33–60.

Deming, W. E. (1982). *Quality, productivity, and competitive position.* Massachusetts Institute of Technology, Center for Advanced Engineering Study.

Deming, W. E. (1986). *Out of the crisis.* Massachusetts Institute of Technology, Center for Advanced Engineering Study.

Friedlander, F., & Brown, L. D. (1974). Organization development. *Annual Review of Psychology, 25*(1), 313–341.

Gebert, D. (1978). *Organisation und Umwelt.* Kohlhammer.

Gebert, D. (1995). Interventionen in Organisationen. In H. Schuler (Hrsg.), *Lehrbuch Organisationspsychologie* (2. Aufl., S. 448–494). Huber.

Hammer, M., & Champy, J. (1993). *Reengineering the corporation: A manifesto for business revolution.* Harper Business.

Imai, M. (1986). *kaizen: The key to Japanese competitive success.* McGraw-Hill.

Kals, E., & Gallenmüller-Roschmann, J. (2017). *Arbeits- und Organisationspsychologie* (3. Aufl.). Beltz.

Kanning, U. P., & Staufenbiel, T. (2012). *Organisationspsychologie.* Hogrefe.

Kühlmann, T. M., & Franke, J. (1989). Organisationsdiagnose. In E. Roth (Hrsg.), *Enzyklopädie der Psychologie, Organisationspsychologie D/III/1* (S. 631–651). Hogrefe.

Lawler, E. E., Nadler, D. A., & Cammann, C. (1980). Uses of organizational assessment data. In E. E. Lawler, D. A. Nadler, & C. Cammann (Hrsg.), *Organizational assessment: Perspective on the measurement of organizational behavior and the quality of work life* (S. 25–118). Wiley.

Lewin, K. (1947). Frontiers in group dynamics: Concept, method and reality in social science; Social equilibria and social change. *Human Relations, 1*(1), 5–41.

Nerdinger, W. (2019a). Organisationstheorien. In F. W. Nerdinger, G. Blickle, & N. Schaper (Hrsg.), *Arbeits- und Organisationspsychologie* (4. Aufl., S. 48–61). Springer.

Nerdinger, W. (2019b). Organisationsdiagnose. In F. W. Nerdinger, G. Blickle, & N. Schaper (Hrsg.), *Arbeits- und Organisationspsychologie* (4. Aufl., S. 151–161). Springer.

Nerdinger, W. (2019c). Organisationsentwicklung. In F. W. Nerdinger, G. Blickle, & N. Schaper (Hrsg.), *Arbeits- und Organisationspsychologie* (4. Aufl., S. 180–191). Springer.

Ryan, R. M., & Deci, E. L. (2000). Intrinsic and extrinsic motivations: Classic definitions and new directions. *Contemporary Educational Psychology, 25*(1), 54–67.

Schiersmann, C., & Thiel, H.-U. (2018). *Organisationsentwicklung. Prinzipien und Strategien von Veränderungsprozessen* (5. Aufl.). Springer VS.

Schuh, G. (2006). *Change Management – Prozesse strategiekonform gestalten.* Springer.

Von Ameln, F., & Kramer, J. (2016). *Organisationen in Bewegung bringen. Handlungsorientierte Methoden für die Personal-, Team- und Organisationsentwicklung* (2., überarb. Aufl.). Springer.

Womack, J. P., Jones, D. T., & Ross, D. (1990). *The machine that changed the world: The story of lean production.* Free Press.

Was tun mit alledem? Abschließende Reflexionen

Inhaltsverzeichnis

9.1 Zur Einordnung der behandelten Themen – 152

9.2 Die Frage nach der psychologischen Haltung – 153

Literatur – 157

© Der/die Autor(en), exklusiv lizenziert an Springer-Verlag GmbH, DE, ein Teil von Springer Nature 2024
P. M. Bak, *Arbeits- und Organisationspsychologie*, Angewandte Psychologie Kompakt, https://doi.org/10.1007/978-3-662-68597-6_9

Wir sind mit unserer Reise durch die Arbeits- und Organisationspsychologie ans Ende gelangt. Wir haben uns mit dem Thema Arbeit, deren Analyse und Gestaltung, dem großen Thema Führung und weiteren Themen wie Organisationssozialisation, Organisationsdiagnose und Organisationsentwicklung beschäftigt. Wir haben viele Theorien und Konzepte kennengelernt und dabei häufig festgestellt, dass es selten die eine Theorie, das eine Konzept gibt, mit dem wichtige und relevante Fragen beantwortet werden können. Weder gibt es das Führungskonzept schlechthin, noch die Führungspersönlichkeit, noch die optimale Methode zur Arbeits- oder Organisationsdiagnose. Was fangen wir also dann mit alledem an? Was nützen uns die Theorien und Konzepte, wenn sie viele unserer Fragen nicht beantworten können bzw. wenn es stets auf den Einzelfall ankommt?

9.1 Zur Einordnung der behandelten Themen

Der Mangel an Eindeutigkeit, der sich bei der Beschäftigung mit unserer Thematik ergeben mag, kann als Problem (wie kann ich entscheiden?) oder als Herausforderung (welche Theorie und Konzeption lege ich für meine Arbeit zugrunde?) betrachtet werden. Ein Problem wird es für denjenigen, der einfache Antworten verlangt. Wer im Bereich der Arbeits- und Organisationspsychologie tätig ist, wird aber schnell lernen, dass keine Organisation ist wie die andere. Stets haben wir es mit Menschen in Organisationen zu tun, mit denen gemeinsam analysiert, gearbeitet und verändert wird (oder auch nicht). Einfache Antworten sind daher selten und ebenso wenig wie bei einer individuellen Beratung oder Psychotherapie zutreffend. Wer hier meint, Erfolgsrezepte anbieten zu können, um Organisationen fit und zukunftsfähig zu machen, um Menschen mitzunehmen und zu begeistern, der wird schnell erkennen, dass ein Erfolg in einem Fall kaum Erfolg in einem anderen Fall verspricht. Vielmehr, und so sind dann auch die hier vorgestellten psychologischen Theorien, Konzepte und Methoden zu verstehen, geht es darum, für den konkreten Fall – zu dem man als (interner/externer) Berater oder Beraterin hinzugezogen wird – und die definierten Ziele eine geeignete Vorgehensweise zu entwickeln.

Psychologische Arbeit ist immer auch Kreativarbeit. Die Psychologie ist hier als gedanklicher Werkzeugkoffer zu betrachten, der weder vollständig noch ausreichend ist. Vielmehr liegt es an uns, aus all diesen Ansätzen etwas Gewinnbringendes, Nützliches, Sinnvolles zu entwickeln, dabei aber den Kern psychologischer Betrachtungen, nämlich das Erleben und Verhalten von Menschen, stets im Fokus zu behalten. In der Psychologie geht es nicht immer nur um objektive Wahrheiten, sondern oft auch um subjektive Erlebnisse. Allein deswegen können Rezepte nicht allgemeingültig sein, eher lassen sie sich als Marketingmaßnahmen von Beratungsunternehmen einordnen. Denken Sie einmal daran, wenn Sie in einer (Fach-)Zeitung, einem Managementjournal oder themenbezogenen Blogs und Businessseiten mal wieder von den „drei Erfolgsfaktoren eines erfolgreichen Unternehmens" lesen oder Aussagen getroffen werden wie: „warum Führungskräfte scheitern", „das muss ein Leader mitbringen", warum Empathie so wichtig oder gefährlich für Führungserfolg sein soll oder wie sie Mitarbeiter und Mitarbeiterinnen zu wahrer Exzellenz führen können. Keine dieser Schlagzeilen kann halten, was sie zu versprechen vorgeben, es wäre auch befremdlich, wenn es tatsächlich so einfach wäre.

Und überhaupt, was ist hier eigentlich gemeint, wenn von Erfolg gesprochen wird? Wir haben bereits im Kapitel zum Thema Führung (▶ Kap. 7) darauf hingewiesen, dass Erfolg ganz unterschiedlich operationalisiert werden kann. Schon allein deswegen verbietet sich der Rezeptgedanke. Die Chance, die sich aus der Beschäftigung mit den hier vorgestellten Themen ergibt, besteht also gerade nicht darin, die Komplexität der Arbeitswelt so weit wie möglich zu reduzieren, sondern diese zu akzeptieren, darauf einzugehen und sie eher als Ressource zu betrachten. Nichts bleibt, wie es ist, und wer morgen noch erfolgreich sein möchte, sollte sich nicht auf die Erfolgsfaktoren von heute verlassen, sondern die Voraussetzungen dafür schaffen, morgen solche Erfolgsfaktoren zu finden und umzusetzen, von denen er heute noch gar nichts ahnt.

Die Beschäftigung mit den Themen Arbeits- und Organisationspsychologie ist aber auch noch aus einem anderen Grund von großer Bedeutung, der bisher noch nicht zur Sprache gekommen ist und der sich eher auf unsere Haltung als psychologischer Dienstleister bezieht.

9.2 Die Frage nach der psychologischen Haltung

Die Auseinandersetzung mit der psychologischen Haltung bezieht sich auf die Frage, zu welchem Zweck wir eigentlich unser psychologisches Wissen verwenden wollen, was die psychologische Tätigkeit natürlich in jedem Kontext betrifft, angefangen bei der Psychotherapie über die Beratung, das Coaching, die Werbepsychologie, den Personalbereich bis hin zur Arbeits- und Organisationspsychologie. Warum diese psychologische Haltung wichtig ist und sich durchaus als äußerst kritisch herausstellen kann, ist im Werbekontext vielleicht sofort verstehbar: Wollen wir beispielsweise unser psychologisches Wissen dazu verwenden, andere Menschen dazu zu bringen, dass sie sich Produkte kaufen, die sie ursprünglich gar nicht wollten? Sogar dann, wenn die Produkte aus unserer Sicht völlig unnötig sind?

Es geht darum, inwieweit wir unser Wissen und Können dazu einsetzen, Resultate zu erzielen, die wir aus ethisch-moralischen Gründen ablehnen würden. Wie weit würden wir gehen? Und gibt es solche Problemstellungen auch in der Arbeits- und Organisationspsychologie?

Stellen wir uns einmal vor, wir sind in der Personalentwicklung eines großen Unternehmens angestellt und für die Durchführung und Entwicklung von Organisationsentwicklungsmaßnahmen zuständig. Ein Ziel könnte sein, die Zufriedenheit und Motivation der Mitarbeiter und Mitarbeiterinnen zu steigern, wogegen wir zunächst einmal nichts einzuwenden haben. Nach ausführlichen Analysen haben wir nämlich festgestellt, dass sich viele Beschäftigte im Unternehmen gestresst fühlen und mit dem Gedanken spielen, das Unternehmen zu verlassen. Die Unternehmensführung möchte dies unbedingt vermeiden, weil der Aufwand und die Kosten für Neueinstellung etc. sehr hoch sind und darunter auch die Produktivität leidet. Die Frage, die sich nun stellt, ist, zu welchem Zweck setzen wir eigentlich unser psychologisches Know-how in dem Fall ein? Dazu lassen sich nun verschiedenen Standpunkte einnehmen und Antworten geben.

Eine Antwort könnte sein, dass wir versuchen, die Passung zwischen Mitarbeitern und Mitarbeiterinnen einerseits und Arbeitsanforderungen andererseits so zu optimieren, dass es ganz nach dem Anforderungs-Ressourcen-Modell (▶ Abschn. 5.4) zu möglichst wenig Stresserleben bei den Beschäftigten kommt. Dies könnten wir durch eine entsprechende Auswahl an „passenden" Mitarbeitern und Mitarbeiterinnen tun, was dann Aufgabe der Personalauswahl wäre, oder wir könnten den verantwortlichen Personen empfehlen, die Arbeitsbedingungen so zu ändern, dass weniger Druck entsteht (z. B. durch eine Reduktion der Arbeitsmenge, mehr Autonomie und Zeitelastizität). Eine andere Möglichkeit könnte darin bestehen, die Mitarbeiter z. B. durch ein Stressimpfungstraining (▶ Abschn. 5.2) resilienter gegenüber möglichen Stresssituationen zu machen, also nichts an den Arbeitsbedingungen zu verändern, sondern eher an den individuellen Ressourcen anzusetzen. Wir könnten natürlich auch in Betracht ziehen, sowohl das eine wie auch das andere zu machen, also Mitarbeiter zu stärken und die Arbeitsbedingungen verträglicher zu gestalten. Die Frage dabei ist, wer trifft da am

Ende eigentlich die Entscheidung? Und woran orientiert sich diese Entscheidung? An Kriterien einer humanen Arbeitsplatzgestaltung (▶ Abschn. 3.2) oder (nur) an ökonomischen Kriterien, oder versucht man irgendwie beides? Überspitzt formuliert, wem kommt bei Maßnahmen der Arbeits- und Organisationsentwicklung das Primat zu: dem wirtschaftlich profitablen Unternehmen oder den gesunden, motivierten und womöglich erfüllten Beschäftigten? Und haben wir als Angestellte oder Berater und Beraterin in diesem Kontext überhaupt die Macht, diese Frage zu entscheiden?

Der erste Zweck vieler Unternehmen besteht heute darin, profitable Geschäfte zu machen, nicht darin, Menschen zufrieden zu stellen oder diese zu entwickeln. Wenn Letzteres zum Ziel wird, dann als Mittel zum Zweck. Das muss nicht so sein, wie Peter Ulrich (1993, 2008) in seiner integrativen Wirtschaftsethik ausführt. Statt einer rein an Profiten orientierten Ökonomie könnte Wirtschaften und damit unsere Arbeit auch als Mittel einer guten Lebensführung verstanden werden. Stattdessen gelten aktuell andere Regeln: Wir arbeiten, um die Produktivität zu erhöhen und damit es den Unternehmen und „der Wirtschaft" gut geht. Die Bewertung unserer Arbeit erfolgt in dieser Leistungsgesellschaft, in der wir leben, nach klaren Regeln und Normen. Der Wert der Arbeit lässt sich nach objektivierbaren Kriterien messen. Mehr noch, unser sozialer Status, unser Einkommen und auch unsere Möglichkeiten zur sozialen Partizipation hängen von formalen Autoritäten (z. B. Geschäftsführung) ab, die uns diesen Zugang durch Anstellung, Gehalt, etc. ermöglichen, aber nur, wenn wir auch bestimmte Leistungsstandards erfüllen (vgl. Offe, 1977), wobei sich Leistung hier weniger am individuell geleisteten Aufwand messen lässt als mehr am Ertrag für die Organisation (Offe, 1977). Sehr deutlich wird dies beispielsweise bei der leistungsbezogenen Vergütung, die sich ja nicht am tatsächlichen individuellen Aufwand orientiert, sondern an dem, was der Mitarbeiter oder die Mitarbeiterin für die Organisation messbar gebracht hat. Dieses immanente Prinzip der Leistungsgesellschaft kollidiert aber mit dem Anspruch nach einer humanen Arbeit insofern, als es bei ihr ja nicht nur um menschenwürdige Arbeitsbedingungen geht, sondern auch um die individuellen Entfaltungsmöglichkeiten, zu denen auch Themen wie individuelles Wachstum oder die Vereinbarkeit von Familie und Beruf zählen. Eine rein an der Produktivität orientierte Organisation und Arbeitsgestaltung – Offe spricht in dem Zusammenhang auch von „fetischisierter Produktivitätsnorm" (Offe, 1977, S. 109) – kann dem gar nicht gerecht werden und kann zumindest aus gerechtigkeitstheoretischen Überlegungen problematisiert werden. Ist es denn gerecht, wenn Mitglieder einer Gesellschaft eben nur dann die Möglichkeiten zur gesellschaftlichen Partizipation haben oder einen entsprechenden Status zu erlangen, wenn sie bestimmte Produktivitätsnormen erfüllen? Oder sind die „totalitäre Beschränkung aller nicht unmittelbar produktiven menschlichen Lebensäußerungen und sozialen Prozesse" (Offe, 1977, S. 109) und „eine Gesellschaft [...], die ihre Mitglieder ganz und eindeutig nach Maßgabe ihres Beitrages zur Produktionssteigerung sortiert" (Hack, 1966, S. 28, zitiert nach Offe, 1977, S. 109), nicht zutiefst ungerecht, weil sie die individuellen Voraussetzungen und Aufwände völlig außer Acht lassen?

Vor dem Hintergrund solcher Gedanken erscheint auch die Arbeit eines Arbeits- und Organisationspsychologen bzw. einer Organisationspsychologin in einem etwas anderen Licht. Wird hier die Psychologie nur im Sinne des Leistungsprinzips, das individuelle Ansprüche, Aufwände, Ziele und Bedürfnisse nur dann berücksichtigt, wenn es dem Erfolg einer Organisation zuträglich ist, instrumentalisiert? Ist die Idee einer humanen Arbeitsgestaltung ein Luxus, den sich florierende Unternehmen leisten können? Oder ist sie am Ende sogar nur ein Beruhigungsmittel, das dazu dient, keine Arbeitskraft zu verlieren, die es dann noch kostenintensiver zu ersetzen gilt? Oder kann die Psychologie einen Beitrag dazu leisten, das Individuum in all seinen Facetten zu stärken, um es nicht nur resilient gegenüber belastenden Arbeitsbedingungen zu machen, sondern auch gegenüber einem Leistungsgedanken, der eine verkürzte und nur auf Produktivität verkümmerte Sicht auf das Individuum beinhaltet und damit womöglich Voraussetzungen für psychische Belastungen und Probleme mitbringt?

Diese Fragen sind hier nicht zu beantworten, betreffen aber im Kern die psychologische Haltung, die wir in dem vorliegenden Kontext einnehmen werden. Entweder implizit und ohne uns darüber viele Gedanken zu machen, oder explizit, indem wir über diese Fragen reflektieren und uns zu einer persönlichen Haltung entscheiden, an der wir unser Handeln ausrichten wollen und für deren Ergebnisse wir Verantwortung übernehmen möchten, und die nebenbei ganz im Sinne der sozialen Gravitation (▶ Abschn. 6.2) auch Organisationen von innen heraus verändern können. Zumindest ein bisschen.

Mit diesen abschließenden Gedanken, von denen ich mir wünsche, dass sie dazu anregen, sich mit dem eigenen Berufsethos auseinanderzusetzen, möchte ich diese Einführung in die Arbeits- und Organisationspsychologie auch beenden.

Literatur

Hack, L. (1966). Was heißt schon Leistungsgesellschaft?, neue kritik *7*(35), 23–32.

Offe, C. (1977). Leistungsprinzip und industrielle Arbeit. In G. Hartfiel (Hrsg.), *Das Leistungsprinzip: Merkmale – Bedingungen – Probleme* (S. 102–118). Leske und Budrich.

Ulrich, P. (1993). *Integrative Wirtschafts- und Unternehmensethik – Ein Rahmenkonzept*. Institut für Wirtschaftsethik Universität St. Gallen – Hochschule für Wirtschafts-, Rechts- und Sozialwissenschaften.

Ulrich, P. (2008). Nachhaltigkeit – Wirtschaftsethisch ernst genommen: „Vitalpolitik". *Management und Qualität. Das Magazin für integrierte Managementsysteme, 38*(12), 8–10.

Serviceteil

Stichwortverzeichnis – 161

© Der/die Herausgeber bzw. der/die Autor(en), exklusiv lizenziert an Springer-Verlag GmbH, DE, ein Teil von Springer Nature 2024
P. M. Bak, *Arbeits- und Organisationspsychologie*, Angewandte Psychologie Kompakt,
https://doi.org/10.1007/978-3-662-68597-6

Stichwortverzeichnis

A

Ablauforganisation 138
Adaption 99
Ähnlichkeit 96, 97, 102
Allgemeines Anpassungssyndrom (general adaption syndrome) 76, 78, 79, 88, 89
Analyse
– deskriptive 138, 139, 148, 149
– explanative 138, 148, 149
– explikative 138, 139
– explorative 138, 139, 148, 149
Anforderungs-Belastungs-Modell 89
Anforderungs-Kontroll-Modell (demand-control-support model) 76, 77, 81–83, 88
Anforderungs-Ressource-Modell (job demands-ressources model) 76, 81, 83, 88, 89, 154
A&O-Psychologie 5, 9
Arbeitsablauf 43
Arbeitsanalyse 18, 20–23, 30, 32, 34, 35
Arbeitsgestaltung
– differenzielle 42, 55, 56
– humane 42, 44
– korrektive 42, 55, 56
– präventive 42, 55, 56
– prospektive 42, 55, 56
Arbeitsgruppe
– feste 50
– hybride 51
– teilautonome 46, 48, 51
– temporäre 50
– virtuelle 51
Arbeitsinhalt 43
Arbeitsmittel 43
Arbeitsmotivation 60, 62, 66, 67, 71, 72
Arbeitsorganisation 43
Arbeitsplatz 43
Arbeitsplatzergonomie 42, 52, 53, 55, 56
Arbeitsplatzgestaltung 155
Arbeitspsychologie 9–12
Arbeitsumgebung 43
Arbeitszeit 43
Arbeitszufriedenheit 60, 67, 69–72
Attraktions-Selektions-Modell 96, 97, 102, 105, 106
Aufbauorganisation 138
Aufgabe 128
– disjunkte 50
– konjunktive 50
– vollständige 46
Aufgabenschwierigkeit 64, 65
Ausführbarkeit 44, 55, 56

B

Beeinträchtigungslosigkeit 44, 55, 56
behavioral setting 78
Bewertung
– primäre 79
– sekundäre 79
Burnout 83, 84

C

Change Management 143, 144, 148, 149
Charisma 114, 115
Commitment 97, 101–103, 105, 106
– affektives 103
– erlebtes 104
– kalkulatives 103
– normatives 103
Coping 80

D

Dauerstress 77
Disengagement 62

E

Effort-Rewart-Imbalance-Modell 84
Eindeutigkeit 152
Einfluss, idealisierter 123
Erholung 85, 86, 88, 89
Erschöpfung 83
Erwartung 63
Erwartungswertmodell 62–64, 71, 72
Erwerbslosigkeit als Gesundheitsrisiko 84
Ethical Leadership Scale (ELS) 124

F

Fertigkeit, politische 118, 129, 130
freezing 147, 149
Freizeit 76, 85–89
Frustration 83
Führung
– agile 124
– aufgabenorientierte 120, 130
– autoritäre 119, 129, 130
– demokratische 119
– ethische 124, 130
– mitarbeiterorientierte 112, 120–122, 129, 130
– transaktionale 122, 123, 129, 130
– transformationale 112, 122–124, 129, 130

Führungserfolg 112–119, 121, 123, 126, 127, 129, 130
Führungskompetenz 112, 117, 118, 129, 130
Führungskraft 128
Führungsprozess 113

G

Generalisierungshypothese 87
Geschlechterunterschied 116
global leadership cometencies 117
Grafikationskrise, berufliche 76, 84, 88, 89
Gravitation, organisationale 103

H

Haltung, psychologische 153
Hawthorne-Effekt 2, 4
Hygienefaktor 62, 72

I

Insider 99
Instrument zur stressbezogenen Arbeitsanalyse (ISTA) 30, 35, 36
Instrumentalität 62–64, 71, 72
Interaktionshypothese 87

J

Job Characteristics Model 18, 27, 29, 35, 36
Job Enlargement 42, 46, 48, 56
Job Enrichment 42, 46, 48, 55, 56
Job Rotation 42, 46, 48, 51, 55, 56
Job-Diagnostic Survey (JDS) 27, 35, 36, 45

K

Kausalattribution 66, 72
Kausalattribution 60
Klassisches Motivationsmodell 61
Klimastärke 105, 106
3K-Modell 60, 66, 71, 72
Kompensationshypothese 86
Konflikt
– beanspruchungsbasierter (strain-based) 88
– verhaltensbasierter (behavior-based) 88
– zeitbasierter (time based) 88
Kongruenzhypothese 87
Kontext. raum-zeitlicher 127
Kontexttaktik 102
Kontigenzmodell 126
Kreativarbeit 152

L

Laissez-faire-Führungsstil 119, 125, 129, 130
Leadership 118

M

Management 118
managerial grid 121
Maximalnutzen 122
Mitarbeiter
– innen 128
Modell der Ressourcenerhaltung (model of conservation of resources) 83
Motivation 60, 61, 64, 66, 71, 72
– intrinsische 45, 66
– schwere Aufgaben 64
Motivation 48
Motivator 61, 62, 72
moving 147, 149
MTO (Mensch, Technik, Organisation)-Analyse 23, 35, 36
– Schritte 24
Multifactor Leadership Questionnaire 123

N

Neutralitätshypothese 86

O

Organisation 128
Organisationsdiagnose 136, 137, 140, 142, 143, 146, 148, 149
Organisationsentwicklung 136, 142–144, 146–149
Organisationsklima 96, 104–106
Organisationskultur 96, 104–106
Organisationspsychologie 2, 5, 9, 10, 12
Outsider 99

P

Passung 112, 113, 127, 129, 130
Passungsproblem 142, 143, 148, 149
Persönlichkeit 115
Persönlichkeitsförderlichkeit 42–44, 55, 56
Person-Organisations-Fit 97, 103, 105, 106
Person-Umwelt-Passung 82
Prototyping 54

R

Realitätsschock 100, 101
Reifegradtheorie 126
Ressourcengewinn 83
Ressourcenverlust 83
Rollenkonflikt 88

S

Schädigungslosigkeit 44, 55, 56
Selbstbestimmungstheorie 60, 66, 71, 72
Selbstwirksamkeit 45, 82
Situation 128
SMART 60, 65, 71, 72
social facilitation 52
social loafing 52
Sozialisation 96, 97, 99–103, 105, 106
Sozialisationstaktik 101
Stimulierung, intellektuelle 123
Stressentstehung 76
Stressimpfungstraining 80, 81, 154
Stressmodell, transaktionales 76
Stressor 76, 78–80, 85, 89
Stressreduktion 80
Stresstheorie, transaktionale 79, 88, 89
Sympathie 96
Systemanalyse, soziotechnische 18, 23, 35, 36

T

Taktik
– inhaltliche 102
– soziale 102
Tätigkeitsgestaltung 44
Tätigkeitsvorschau, realistische
 (realistic job preview) 101

Taylorismus 3, 12
Triade, dunkle 116, 129

U

unfreezing 147, 149
Unternehmenstreue 8
Usability 52, 54

V

Valenz 63
Verfahren zur Ermittlung von
 Regulationserfordernissen (VERA) 25, 35, 36
VIE-Theorie 60, 62
Vision 123
Vollständigkeit
– hierarchische 46, 56
– zyklische 46, 56
VUCA-Welt 2, 6, 7, 12

W

Win-win-Situation 6
Work Design Questionnaire (WDQ) 18, 29, 36
Work-Life-Balance 86, 88

Z

Zehn-Stufen-Modell der Regulationserfordernisse 26
Zielsetzungstheorie 60, 61, 64, 65, 71, 72
Zielspezifität 64
Zielvereinbarungsgespräch 65
Zürcher Modell der Arbeitszufriedenheit 69, 71, 72
Zusammengedrängtheit 78
Zwei-Faktoren-Theorie 60–62, 67, 71, 72

 springer.com

Peter Michael Bak

Wahrnehmung, Gedächtnis, Sprache, Denken

Allgemeine Psychologie I – das Wichtigste, prägnant und anwendungsorientiert

MOREMEDIA

Jetzt im Springer-Shop bestellen:
springer.com/978-3-662-61775-5

 springer.com

Peter Michael Bak

Lernen, Motivation und Emotion

Allgemeine Psychologie II – das Wichtigste, prägnant und anwendungsorientiert

Jetzt im Springer-Shop bestellen:
springer.com/978-3-662-59690-6

MIX
Papier aus verantwortungsvollen Quellen
Paper from responsible sources
FSC® C105338

If you have any concerns about our products,
you can contact us on
ProductSafety@springernature.com

In case Publisher is established outside the EU,
the EU authorized representative is:
**Springer Nature Customer Service Center GmbH
Europaplatz 3, 69115 Heidelberg, Germany**

Printed by Libri Plureos GmbH
in Hamburg, Germany